U0433421

世界500强CFO教你学管理会计系列丛书

漫话
管理会计是什么

邹志英◎著

机械工业出版社
CHINA MACHINE PRESS

失败的决策、错误的战略选择和执行不力是导致企业死亡的三大“杀手”。本书是作者以20多年国内外企业管理经历和成功经验总结出的管理会计实践之作。全书始终以“管理会计创造价值”为主题，精选了30个浅显易懂的经典案例，并穿插了131张彩色图表，介绍了许多新理念、新方法、新模型，用对话、讲故事的方式道出了九大管理会计常识，管理会计与企业命运的紧密关联，在中国企业的实战与应用，以及管理会计在人工智能时代的五大应用趋势和三维应用场景等。

本书可以帮助各行各业的管理者、财会人士、学者、投资人和创业者等轻松领略管理会计之美，掌握管理会计精髓，做出正确决策，提高执行、分析及解决问题能力，拓宽看问题的视野，从而为企业创造财富，引领企业一路向前。

图书在版编目（CIP）数据

漫话管理会计是什么 / 邹志英著. — 北京：
机械工业出版社，2021.10（2025.1重印）
ISBN 978-7-111-69393-2

Ⅰ. ①漫… Ⅱ. ①邹… Ⅲ. ①管理会计 Ⅳ. ① F234.3

中国版本图书馆CIP数据核字（2021）第212347号

机械工业出版社（北京市百万庄大街22号 邮政编码100037）
策划编辑：刘怡丹　　　责任编辑：刘怡丹　廖　岩
责任校对：李　伟　　　责任印制：邓　博
北京盛通数码印刷有限公司印刷

2025年1月第1版第2次印刷
170mm × 230mm · 16印张 · 3插页 · 213千字
标准书号：ISBN 978-7-111-69393-2
定价：89.00元

电话服务
客服电话：010-88361066
　　　　　010-88379833
　　　　　010-68326294

网络服务
机　工　官　网：www.cmpbook.com
机　工　官　博：weibo.com/cmp1952
金　　书　　网：www.golden-book.com
机工教育服务网：www.cmpedu.com

我的美好愿望

对政府

通过阅读本书，可以充分认识到管理会计的作用，引导企业运用管理会计做好创新管理、提质增效和塑造品牌的工作，帮助更多企业“走出去”，减轻政府压力和负担，实现中华民族伟大复兴的中国梦，推动宏观经济建设与发展。

对企业

管理会计是企业的“中枢神经系统”，应充分运用管理会计做出正确的商业判断，挖潜能、添活力、增效益、提质量，走“修身、兴企、报国”之路，造福社会。

对家庭

每个家庭都可以运用管理会计的思维和知识，走向健康的创富之路。

对个人

每个人都能运用管理会计的思维和知识，让自己的事业和生活精彩纷呈。

很多企业在遇见管理会计前，普遍存在六大痛点，如下表所示。

序号	企业存在的问题	企业管理者的痛点	管理会计做了什么
1	销量下滑	不知原因何在	精准分析
2	业绩评价	不知如何评价业绩完成的好坏	精准评价
3	发展缓慢	不确定企业未来的发展空间在哪里	精准预测
4	销售费高	不知如何控制销售费用	精准决策
5	盈利不佳	不知如何改善	开源节流规划
6	产品风险	不知如何控制产品质量风险	精细控制

在做了分析、评价、预测、决策、规划和控制六件事后，管理会计解决了管理者的痛点，给企业带来了五大价值，如下图所示。

管理会计解除管理者的六大痛点

管理会计的价值

- 找到销量下滑的原因
- 评价业务部门的业绩
- 找到收入增长的空间
- 控制销量费用的方法
- 企业开源节流的方法
- 控制产品风险的方法

本书是作者多年国内外企业管理经历和成功经验总结出的管理会计实践之作，可以帮助各行各业的管理者、财会人员、投资人和创业者等轻松掌握管理会计方法论，为企业创造财富，引领企业一路向前。

翻开它，就是现在。

作者简介

邹志英

澳洲注册会计师，国际注册高级风险管理师

中国十大优秀 CFO

美国 IMA 授予“美国管理会计形象大使”

国际战略财务管理实战专家

企业盈利管理专家、现金流管理专家

社会职务

- 美国注册管理会计师协会（IMA）中国理事会副主席，前全球董事
- 美国汤森路透集团旗下《成本管理》杂志全球编辑顾问委员会成员
- 北京市朝阳区国际高端商务人才发展中心（CBTC）评审专家
- 中国教育部学位中心博士、硕士论文评审专家
- 机械工业出版社经管分社专家委员会委员
- 北京国家会计学院特聘教授
- 对外经贸大学国际商学院客座教授
- 中央财经大学会计学院客座教授
- 北京航空航天大学经管学院客座教授
- 中国企业财务管理协会商学院客座教授
- 清华紫荆教育客座教授

- 中国年度优秀 CFO 评委
- 美国 IMA 管理会计案例大赛决赛评委
- “金融界中国民营上市公司创富榜”特约观察员
- 全球青年领导力联盟（GYL）青年导师

主要荣誉

- 2019 年荣获“心光艺术财务管理大师奖”
- 2018 年荣获中央财经大学授予的“优秀学术奖”和“优秀实践奖”
- 2015 年荣获美国 IMA 授予的“亚太区会员特别贡献奖”
- 2013 年荣获“美国 IMA 中国区形象大使奖”（中国首位也是唯一一位获此殊荣的女性高管）
- 2012 年荣获财政部相关单位授予的“中国十大优秀 CFO”荣誉称号
- 2012 年荣获中国总会计师协会“第一届中国民营企业财务管理创新十佳案例”优秀案例奖
- 2011 年荣获中国总会计师协会授予的“中国财务战略管理专家”荣誉称号
- 2011 年荣获美国 IMA 和中央财经大学联合授予的“管理会计行动个人创新奖”

职业经历

- 北京志赢盛世管理咨询有限公司（联合国全球契约组织成员单位，联合国指定采购服务供应商）创始人、董事长

- 华胜天成股份公司集团执行副总裁兼香港ASL上市公司非执行董事
- 腾创科技集团执行副总裁兼CFO（联想君联资本投资）
- 德国默克制药中国区董事CFO
- 美国布鲁克公司，亚太区财务及供应链总监
- 曾在美国GE公司、英国盛世长城广告公司、美国凯创等世界500强和英美知名外企工作

企业咨询 / 高管培训

为近百家中外大中型企业（包括世界500强、中国500强、本土大中型上市公司）提供过管理咨询服务和企业中高级人才培养工程实战培训，咨询和授课满意度均达98%以上。管理实操水平不仅受到世界权威组织IFAC（国际会计公会）权威专家们的高度评价，还得到了联合国原助理秘书长、联合国和平大学首任校长马丁·李斯先生的高度评价，称："邹志英女士具有独特的洞察力和智慧，将西方企业管理中科学严谨的理论和实战方法与中国传统文化和处事方式有机结合在一起。"

在英、美、德、中资企业先后工作20多年，期间曾就职著名跨国公司14年，担任过美国非营利组织全球董事（华人董事仅有两位），上市集团企业董事、执行副总裁及CFO，上市公司独立董事和审计委员会委员。成功运用战略管理、管理会计方法论和独创的"珍珠链"管理思想，使濒临资金崩盘的企业在短期内起死回生，3年内销售收入增长36倍，从4000万元增至15亿元。

20多年来致力于用"工匠精神"做事，用创新管理思想和方法论推动企业管理转型和扭亏为盈，帮助企业做大做强，走向国际化。

推动了14次并购整合、128轮融资谈判，领导过83个项目管理，为

不同企业设计盈利模式和经营管理运营架构，打造了具有“狼性精神”的无敌军团。

近年来，将自己过往20多年的实战经历开发成40门深受欢迎的实战课程，在全国各地巡回授课、演讲，并多次为职业经理人解惑，传授职场实战成功宝典，成功助力几百位企业管理者打造精彩职业生涯。

专著/专访

- 2021年出版著作《漫话管理会计是什么》（机械工业出版社）。
- 2018年出版著作《英眼视界：直击企业痛点》（清华大学出版社），被评为“2018年中国十大经管好书”，并在澳门参加国际书展，被京东读者评为“十本优秀管理者必读书籍”“十本精选商务人士进修管理好书”。
- 2015年题为《行走在有温度的财务旅途中——访北京志赢盛世管理咨询有限公司董事长邹志英》的独家专访，被收录在《求是先锋：领导干部全面深化改革的理论与实践》丛书和《中国新时代创业经典》丛书中。
- 2014年出版著作《玩转全面预算魔方（实例+图解版）》（机械工业出版社），被权威媒体之一——中国会计网评为“财务人一生必读的八本书籍”，连续八年进入京东好书热销榜，被京东读者评为“中国优秀财务管理者必读的十大实用好书”“中国十本精选经济管理好书”。
- 在中国及美国知名媒体上发表了80余篇实战管理、财务管理和管理会计类文章，并被百度学术引用。

视频课程

- 6集视频《看财务管理如何改变企业命运》在喜马拉雅、清华文泉课堂推出。

- 3集视频《战略财务：企业起死回生之秘诀》在清华文泉课堂推出。
- 6集视频《2021年企业现金流必备管理课》在《中国经营报》触角学院推出。
- 电视系列讲座《看财务管理如何改变企业命运》《战略财务》颇受欢迎。

志英独创四大理论

理论一："珍珠链"管理理论

战略决定企业生存，执行创造利润，"珍珠链"可以解决企业头痛医头、脚痛医脚的问题，助力企业打造"战略—业务—财务—人力"四位一体、融合发展的管理闭环体系，做到管不死、放不乱，确保事事有目标、事事有承诺、事事不推诿、事事有考核、事事有人盯、事事有成效，是实现企业战略有效落地的最佳方法论之一。

理论二：六种"动物论"

将管理者的角色比喻成六种动物，帮助管理者突破被禁锢的思维模式，学会在复杂多变的环境下，做好角色转换，实现职场生涯的华丽转身。

理论三：管理会计"三镜合一"

财务会计的作用相当于"照相机"，管理会计的作用相当于"放大镜、望远镜和显微镜"。管理会计"三镜合一"的意义，在于帮助管理者娴熟运用管理会计这门科学及时查缺补漏，杜绝跑冒滴漏，从根源上提升企业核心竞争力，实现降本增效、提质塑品牌的强国之路，让管理会计成为企业管理的通用语言，成为社会的通识。

理论四："蚂蚁理论"

粗放管理带来的弊端是战略盲目、业务莽撞、管控忙乱、人才茫然，结果就是企业绕不开"长不大""活不久"的陷阱。"蚂蚁理论"可以帮助企业运用大数据，做好"五精建设"，即精准定位、精准营销、精细作业、精准管理和精准决策，提高效率，提质增效塑品牌，让企业真正行走在可持续的健康发展道路上。

欲知作者更多实战管理经验与技巧，可扫码或搜索邹志英微信、网站等，欢迎交流和分享。

1. 微　　信：

2. 网　　站：www.bjzyss.com

3. 电子邮件：czou2008@126.com

·推荐序·

管理会计的灵性和趣味性

管理会计其实并不像大家认为的那样刻板、枯燥和乏味。它是一门综合交叉学科，横跨会计学、经济学、心理学、社会学、文化人类学和数学等学科，研究如何为企业高管、各级经理和普通员工的计划和控制提供信息支持，帮助企业提高经济效益。就我的体会，管理会计也是一个有魅力、有灵性的学科，一个需要人类智慧呵护的领域，很多著名学者对此潜心研究，并为之毕其终生。

我从1973年3月开始担任过两年农村生产队会计，算是“正儿八经地”进入会计行当，直到现在，除了担任过三年民办教师，一直跟会计打交道，算起来已有45年。期间，专注管理会计教学与研究工作是从1982年3月开始，算下来已接近40年。很难想象，在这么长时间里，如果无趣味、无灵性、无挑战，真不知道自己会抑郁多少次了！1987年我开始在厦门大学师从余绪缨教授攻读现代管理会计方向博士学位，苦读六年半，期间还到美国游学，并于1993年获得博士学位。我的博士论文为《行为会计的基础研究—— 一个基本的理论框架》，试图研究由管理会计信息引发的各当事人的个体行为和互动行为。当事人主要是企业高管、各级经理和普通员工，也包括会计人员。我的研究就是寻找这些当事人在接收到管理会计信息后会分别采取什么行动。在我看来，会计特别是管理会计本质上就是人类行为。企业成员的行为创造了管理会计信息，管理会计信息反映企业成员的行为。英国著名会计学家霍普伍德曾说，会计信息的有用性，归根到底在于它能够影响人的行为。余绪缨教授也曾说，学习、研究、应用和创新管理会计要“由技入道”，是说管理会计首先是技术性的，即有各种数据、表格等，必须要搞明白，但不局限于此，还有“道”。技术属形而下，而“道”则属形而上，是企业成员创造价值的行为，这与霍普伍德的观点也是契合的。这就是管理会计的灵性。

管理会计信息是资源配置的基础，是业绩评价和奖金分配的依据，具体表现为企业的奖惩制度，即将企业成本、预算及其他非财务指标与奖惩资源（比如奖金）相互结合起来。由于人的行为受到利益的驱动，而业绩评价指标又与奖惩资源挂钩，因此，会计人员就可以通过调节业绩评价指标的种类、权重和难度水平，规划奖惩资源，以调节被考核者的行为，引导他们保持在企业战略目标的方向上。

有个案例说，一位教授到某市远郊一企业调研，他先乘坐城铁到近郊，然后又换乘远郊公交车。在等车的时候，他发现几趟公交车都过来了却没有一辆车停靠站边，车里乘客也并没有满员。在茫然之中，终于有一辆公交车停了下来，让他乘车并按时赶到了那家企业。事后，教授研究发现，原因是公交公司用“准时到站率”考核司机。之所以到站不停车，是因为车停下来就不能准时到达下一站了。随后，这名教授向公交公司建议改用“乘客实载率”作为指标考核。结果大大出乎教授和公交公司的预料：公交车到站后停下不走了，等乘客坐满了再走！公交公司被迫无奈改为同时考核“准时到站率”和“乘客实载率”，权重各占50%。这意味着“是赶准点还是等满座”由司机“自裁”。经过一段时间运行之后，公交公司发现：高峰时期，实载率都很高，而准点率很低；非高峰期，情况又相反了，实载率很低，而准点率很高。究其原因是因为高峰期客流大于非高峰期。由于公交公司的战略是既要多载乘客又要准时到站，因此，他们又调整了指标权重，规定每天7:00—9:00和17:00—19:00时段，乘客实载率权重为60%，准时到站率权重为40%；在其他时段乘客实载率权重为40%，准时到站率权重为60%。其含义是提醒司机在高峰期要多关注准时到站，在其他时段多关注乘客数量。

诸如此类的案例十分有趣，数据是真的会说话。这并不意味着管理会计的核心要素仅仅是业绩考核、激励制度，可以以此为出发点展开管理会计的全部内容，比如为了规划奖惩资源，就必然涉及成本、预算、责任会计等内容。

我与邹总相识已有十余年，知道她也对管理会计情有独钟，深钻细研已超过二十年，属于学者型的企业家，企业家型的学者。作为管理咨询公司的老总，她长期致力于管理会计知识的创造、传播和应用等方面。她根据自己多年的实战经验，探索并形成了自己独特的管理会计理念，并重新又应用到实战中去，为企业创造价值、提高效益，迄今她已积累了一大批成功的案例。

邹总基于自己亲身所见所闻所做所体验，撰写的《漫话管理会计是什么》一书，内容丰富翔实、图文并茂、行文生动活泼、酣畅淋漓，将理论性、实操性和趣味性融为一体，让人轻轻松松地感受和顿悟管理会计的原理、用途和奇妙的效果。

我认为本书有以下三大看点。

一是让管理会计的趣味性更加强烈。本书通过故事主人公的三个女儿——财务会计、审计、管理会计三姐妹的“才艺”大比武，引出了管理会计是什么、为什么、做什么、怎么做等常识性知识点，揭秘了管理会计如何发挥价值创造的作用。

二是揭示管理会计同企业命运紧密相连的奥秘。本书以*S果汁上市公司为背景，揭秘了由于管理会计应用严重不足，让曾经的行业龙头老大跌落神坛的悲剧。指出了管理会计跟企业健康生存发展之间的紧密关联，阐述了如何通过管理会计三件法宝，精准判断企业生存状态，制定最优决策，为企业赢得永续发展。

三是坚信管理会计在人工智能时代的应用将更加广泛与深入。本书基于作者对管理会计与企业数字化转型结合的观察，提出了管理会计呈现的五大应用趋势，尤其是对管理会计“三维应用场景”的形象描述，颇有洞见且别具一格。

一言以蔽之，我衷心希望《漫话管理会计是什么》一书能够帮助更多读者了解管理会计，认识管理会计，应用管理会计，热爱管理会计，为社会、企业、家庭和个人创造价值，运用数字化进行转型升级，从提升管理会计的应用水平入手，让管理会计真正成为企业经营管理的重要手段和方法。

于增彪
清华大学经济管理学院教授
财政部管理会计咨询专家
中国成本研究会副会长
2021年10月30日

前　言

Preface

这些年，我一直想写一套管理会计的丛书，因为在现实中，很多人对管理会计存在着不同程度的认知误区。这些认知误区主要体现在4个方面，如图0-1所示。

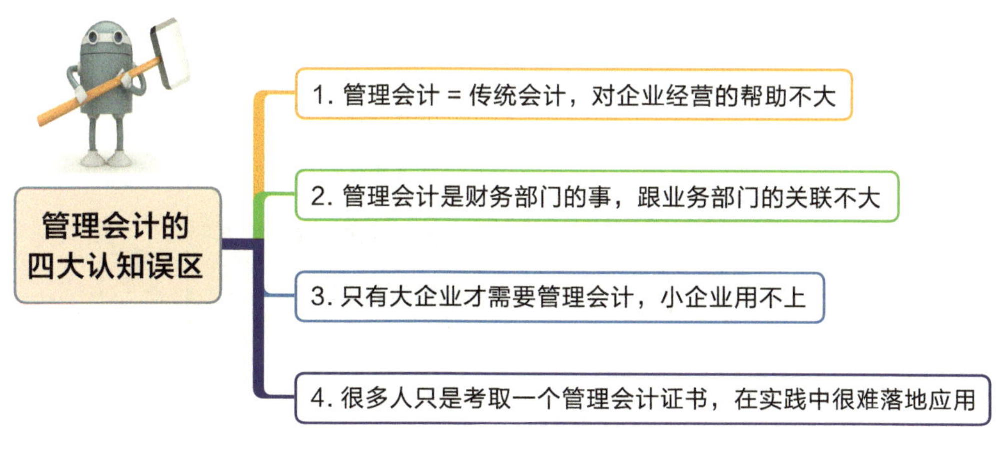

图0-1　管理会计的四大认知误区

在现实中，我还看到了很多大中型企业由于管理会计的应用不足，从龙头老大的地位跌落神坛，走向衰落；很多中小企业由于不认识、不重视管理会计，遇到特殊时期，很快掉入“死亡之谷”；很多管理者由于没有使用管理会计的思维做决策，造成决策失误，将个人和企业置于危险之中。

我通过二十多年的实践，充分体会到管理会计是一把“万能钥匙”。如果把企业和管理者遇到的难题和痛点比喻成“锁”，那么管理会计的目标就是用这把“万能钥匙”，打开一个一个难开的“锁”。

本书主要内容

在本书中，我会围绕着“管理会计创造价值”这一主题（如图 0–2 所示），通过实战示例、模型、彩色图表等形式，讲述管理会计如何为大、中、小型企业创造财富和价值，解释说明管理会计如何充分发挥分析、预测、规划、决策、控制和评价六大作用，为企业创造财富，引领企业一路前行。本书还阐述了管理会计在人工智能时代的应用趋势。

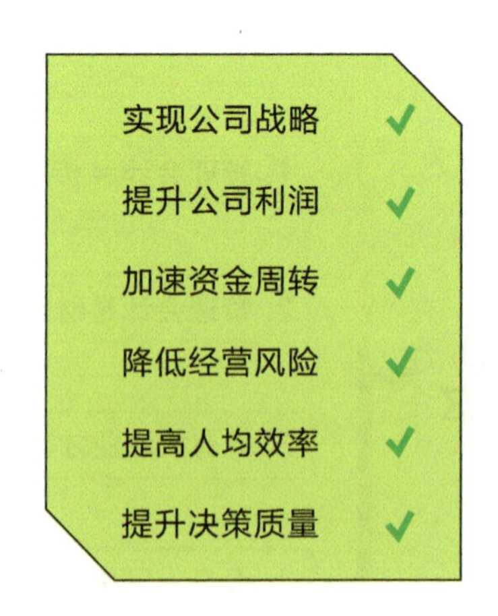

图 0–2　管理会计的六大价值

同时，在本书中，还会展示自 1997 年我开始从事管理会计工作以来，通过“实践—研究—再实践—总结”逐渐形成的一套土洋结合、行之有效的实操方法论。用管理会计的思维和方法，解答广大读者、管理会计学员以及爱好者、企事业单位不同层级的管理者和实践者、政府相关部门工作者、学者都有的困惑和迷茫。

本书的独特之处

本书的特色体现在趣味性浓、实操性强、场景化多、新模型与新理念多以及系统性高等方面。全书没有教科书式的通篇理论和大道理，更没有晦涩难懂的专业术语，而是以图文并茂、生动有趣和浅显易懂的白话方式，快速呈现管理会计活学活用的方式方法。不同类型的读者完全可以在日常工作、生活中，按照本书介绍的实操攻略，进行学习和应用。

具体来说，本书有以下五大特色。

1. 趣味性浓

很多人一提到管理会计专业书籍，就会情不自禁地想到它一定是一本很专业、枯燥乏味的学术书籍。在我与管理会计结缘的这二十多年期间，我发现管理会计的应用领域非常广泛，不仅可以为企业创造价值，还可以应用在个人生活的诸多方面。所以，为了增加它的可读性，我精选了管理会计与财务会计华山论剑、“鱼店之家”的六大忧愁、微信群里的交锋时刻、龙头老大跌落神坛等多个浅显易懂的示例，并结合大量彩色图表，力图让本书变成一本简单易懂、轻松有趣的工具书，期待读者在似曾相识的场景中产生共鸣，并有所收获。

2. 实操性强

知识要转化为实践，方显知识的力量。多年来，很多人都受困于学到了很多管理会计的理论知识，甚至考取了管理会计证书，但在实践中却不知从哪里下手，不会应用，或者应用不到位。

所以，我在写作的过程中，精选了实操性较强的示例、模型、操作要点、图表和观点，尽全力把此书变成超级实用、接地气的管理会计实践指南。

这样，不管是哪种类型的读者，都可以在生活、工作中“复制”，学以致用。

3. 场景化多

全书以多个真实示例贯穿始终，力求让读者在熟悉的场景中产生共鸣、启发思考，提升读者的全局观、创新能力、决策能力、分析判断能力、系统性思考能力和解决问题能力。

4. 新模型与新理念多

基于多年的企业实践经验，在本书中，我归纳了管理会计的应用模型、新理念及新方法。其中一些模型是我在实践中创造并总结出来的，比如决策“1 支笔”模型、吃空企业利润的蛀虫图、经营驾驶舱、危机循环模式图、管理会计三维应用场景图、开源节流规划图等。

5. 系统性高

知识碎片化时代，更需要系统性阅读。在本书写作过程中，对于每种示例、模型和实操攻略，我都尽量打通战略、财务、人力、风险等学科的边界，将不同学科的知识融会贯通，并且与结构化思维和数据化工具进行结合。相信读者在日常工作中按照本书介绍的实操攻略，不仅可以系统化学习知识，还可以进行系统性思考、逻辑性表达和数字化分析，而这些是当今职场最看重的几大能力。

本书的读者人群

1. 企业家

企业家要想成功，需要成为真正的经营者，而不懂管理会计，企业家便无法成为真正的经营者。

本书可以让企业家认识并重视管理会计的重要性，因为管理会计是为企业赚钱的一门管理科学，企业家只有认识并重视它，才能真正享受它带给企业的投资回报。

2. 企事业单位不同层级、不同部门的管理者

德鲁克说过：学会做决策，是所有管理者必须具备的能力。本书可以让管理者掌握管理会计的底层逻辑，重视管理会计，用管理会计的思维，做出正确的决策，引领企业提质增效。

3. 创业者

创业很容易失败，本书可以帮助创业者提升决策能力，学会运用管理会计引领企业做大做强，绕开“死亡之谷”。

4. 财务、会计从业者

财务与会计从业者，要想提升地位和话语权，必须学会“跳出财务看财务”，赋能业务，为企业创造价值。

本书将助力财务及会计从业者学习、掌握、应用管理会计的思维、知识和技能，拆掉传统会计思维里的围墙，提升创新能力、决策能力、系统性分析能力，学会赋能企业的战略、业务和管理，成为企业价值的创造者。

5. 投资人

不是所有的投资都会成功，投资有风险。本书可以帮助投资人掌握管理会计的思维和知识，提升决策能力。

6. 人力资源从业者

本书可以帮助人力资源从业者，学会用管理会计的思维做人力资源管理工作，实现企业的战略—业务—财务—人力四位一体。

7. 销售、市场从业者

本书可以帮助销售、营销人员，学会用管理会计的思维看市场、做销售，提升风险管理能力、决策能力和掌控全局的能力。

8. 职场小白

本书可以帮助职场小白形成结构化思维，提升系统性分析能力，学会用管理会计的思维，思考工作，充满信心地迎接职场挑战。

9. 财务、会计、金融和管理专业的学生

本书可以丰富相关专业学生的管理会计知识，助其学会从管理会计的角度思考如何发展，形成自己正确的决策思维，提升系统性分析的能力，创造人生的财富。

写作本书的初衷是希望帮助更多的企业和个人认识管理会计、爱上管理会计以及应用管理会计，让管理会计能够变成一个真正驱动社会进步、企业进步和个人幸福感不断提升的正向力量。

本书若有疏漏之处，敬请读者见谅，也希望与各位读者一起，对书内或其相关问题进行交流。谢谢！

邹志英

2021 年 8 月 15 日

目 录

Contents

第二部分 管理会计与企业命运的关联

第四章 龙头老大就不会跌落神坛吗？——管理会计告诉你 *S 果汁沉船真相

第五章 管理会计影响企业命运，靠这 3 件法宝
——从 *S 果汁“沉船记”中得到的警示

第三部分 管理会计的未来及展望

第六章 人工智能时代，管理会计的五大应用趋势

思维导图

内容概要

问题

思考

第一部分

图说管理会计常识

志英

观点

你有答案了吗？邀请你继续阅读

第一章

管理会计与财务会计华山论剑

内容概要

本章以“1 页纸”思维导图开篇，站在业财融合、知行合一的角度，通过一个浅显易懂的“鱼店之家”的示例，图文并茂、生动趣味地**揭秘了管理会计与财务会计的九大本质区别，运用 5W1H 的思维工具，即“是什么（What）—为什么（Why）—谁来做（Who）—在哪做（Where）—用什么做（Which）—如何做（How）”**，将管理会计的目的、关注点、底层逻辑、工作内容、主要职责、使用工具等知识点，融会贯通于“鱼店之家”钓鱼、制作鱼和卖鱼的过程中，进行详细介绍。

本章运用创新型管理会计多视角思维，从可实操的角度，穿插了 9 个示例，36 张图和 1 张表格，以趣味盎然的对话和讲故事的方式揭秘管理会计与财务会计的本质区别。

全章没有出现教科书式的通篇理论和大道理，更没有使用晦涩难懂的专业术语，而是秉持着“寓教于乐、易于理解、便于实操”的原则，即便是新手，也能快速掌握、吸收管理会计的知识要领和实操精髓。

第一章 管理会计与财务会计华山论剑

- **故事引文：**从“鱼店之家”的生意说起
- **第一节** 管理会计、财务会计和审计三姐妹大比武
  - 一、“鱼店之家”背景介绍
  - 二、8条鱼，引发三姐妹大比武
- **第二节** 九个示例，图说管理会计和财务会计的九大区别
  - 一张表，秀出管理会计和财务会计的九大区别
  - 区别1：“面向对象和关注点”的不同
  - 区别2：“目的”的不同
  - 区别3：“底层逻辑”的不同
  - 区别4：“时效”的不同
  - 区别5：“工作主体”的不同
  - 区别6：“工作内容”的不同
  - 区别7：“工作职责”的不同
  - 区别8：“使用工具”的不同
  - 区别9：“由谁做”的不同
- **第三节** 5W1H法，图说管理会计知识汇
  - 一、导入5W1H工具，理解管理会计更容易
  - 二、5W1H法：图说“鱼店之家”中的管理会计知识汇

志英观点

财务会计帮企业数钱；管理会计帮企业赚钱。

管理会计是一门帮助企业实现战略、提升经营业绩和质量、进行最优决策以及控制经营风险的学问。

故事引文

从“鱼店之家”的生意说起

有个跟钓鱼相关的管理会计故事，笔者在课堂上给学员们讲了10年，大家都觉得很有趣，认为这种管理会计理论知识与实战案例紧密结合、寓教于乐和情景再现式的学习方式，不再枯燥、乏味，“拿来就能用”。

第一节　管理会计、财务会计和审计三姐妹大比武

一、“鱼店之家”背景介绍

1. 人物关系

“鱼店之家”坐落在一个四季如春的美丽城市。鱼店的核心产品是无

添加的特色自制鱼干和鱼罐头。

店里一共七口人——创始人是一对夫妇，两人育有两儿三女，孩子们都已长大成人，并已工作。

2.“鱼店之家”的生意及组织架构图

“鱼店虽小，五脏俱全”，店里的生意也是有分工的：

- 日常钓鱼工作由儿子们负责，大儿子名叫“大兄”，小儿子名叫“小弟”；
- 老妈的工作是负责把鲜鱼制成鱼干或鱼罐头；
- 老爹的工作是负责营销并打理小店生意。

因“鱼店之家”销售的自制鱼干和鱼罐头口味独特且店主殷勤，所以小店的生意还算不错。

“鱼店之家”的简易组织架构如图 1-1 所示。

“鱼店之家”店长 负责人：老爹		
钓鱼部门 成员：兄弟俩 职责：钓鱼	生产部门 成员：老妈 职责：制作鱼干和鱼罐头	营销部门 成员：老爹 职责：营销

图 1-1 “鱼店之家”的组织架构

3. 三姐妹职业介绍

家里的三姐妹都在公司上班：

大姐是注册会计师，在公司里是一名财务会计主管。

二姐是注册审计师，在工厂里是一名审计人员。

三姐是注册管理会计师，也是企业经营分析主管，负责企业的经营计划、预算和分析工作。

二、8 条鱼，引发三姐妹大比武

某一天，兄弟俩去湖边钓鱼，共钓到了 8 条鱼，兴冲冲地回到家里，正好赶上三姐妹在店里喝茶，切磋“武艺”。

1. 注册会计师的职责

大姐看到 8 条鱼后，出于职业反应，立马拿出手机，对着 8 条鱼拍照，拍完后又拿出一张收据，记录了“时间、地点、人物、事件和数量”，然后请兄弟俩画押，并说道：“我们注册会计师的职责是做好书面记录，收集这些鱼的照片和收据等，这是我们的原始凭证（如图 1-2 所示）。”

大姐
注册会计师

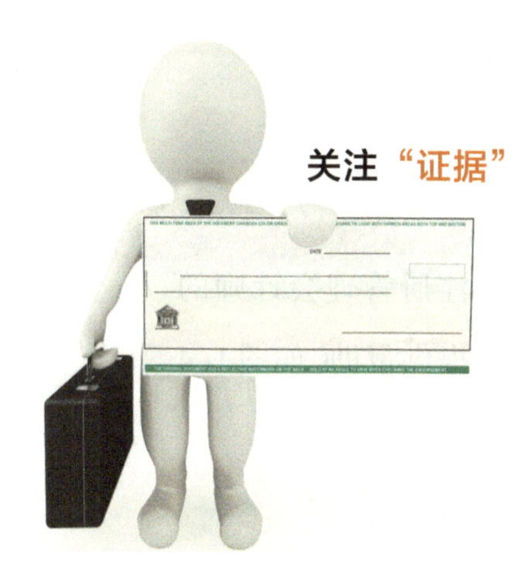

图 1-2　注册会计师的职责

2. 注册审计师的职责

二姐笑了笑，从兄弟俩手中接过了 8 条鱼，又对照大姐的“原始凭证”，反复检查并说道：“我们审计师的职责，是对照大姐做的书面记录、照片和收据等，去现场实地考察、调查检验，确定这 8 条鱼是否真实存在，数量是否准确，质量品种是否符合相关标准，确保资产别高估，费用别多记（如图 1-3 所示）。”

二姐
注册审计师

图 1-3 注册审计师的职责

3. 注册管理会计师的职责

三姐也不甘示弱地说道：“我们注册管理会计师的职责可以从鱼店、部门和个人3个层面提供帮助（如图1-4所示）。

图 1-4 注册管理会计师的职责

“以‘鱼店之家’为例，简单来说，管理会计师会把手伸向钓鱼业务，帮助兄弟俩（意指公司业务部门）做好业务分析、规划和控制，给出建议，提高钓鱼部门的业绩水平和管理水平。

“从‘鱼店之家’店长老爹（意指公司决策层）的层面来讲，管理会计师会做老爹的参谋，给他出谋划策，比如：

- 评价兄弟俩钓鱼业务干得是好还是差；
- 根据外部环境和鱼店的资源情况，调整鱼干和鱼罐头的售价和促销政策；
- 从保本角度制订鱼店每个月的最低销量；
- 优化鱼店盈利结构，帮助鱼店把生意发展壮大。

“如果把管理会计比作‘万能钥匙’，把企业和部门遇到的难题和痛点比作‘锁’，那么管理会计的目标就是用这把‘万能钥匙’打开一个又一个难开的‘锁’”。财务会计和管理会计虽然名字中都带‘会计’二字，但两者有着本质区别。

“我这么说，你们听明白了吗？”

兄弟俩一听，三姐的专业知识能帮助他们发展，便非常兴奋地说道:“三姐，之前我们以为你们姐妹三人都是当会计的，都跟算数和数钱有关，离我们的业务太遥远，你们的会计语言对于业务部门来说，既专业又难懂。

“但今天才明白，大姐做的是财务会计工作，跟三姐做的管理会计工作根本不是一回事。”

“管理会计和财务会计之间究竟有哪些本质区别？三姐，你能否以‘鱼店之家’的生意为例，举例说明一下呢？”

三姐点了点头，开始娓娓道来。

第二节　九个示例，图说管理会计与财务会计的九大区别

一张表，秀出管理会计和财务会计的九大区别

从“鱼店之家”示例中，我们已经看到了管理会计师、审计师和财务会计师的区别：针对同一事件，三者看问题的角度、关注的目标、工作内容和工作职责等都不一样。

具体来说，管理会计不同于财务会计，两者有着九大本质区别，如表 1-1 所示。

表 1-1　管理会计与财务会计的九大本质区别（©邹志英）

序号	本质区别	财务会计	管理会计
1	“面向对象和关注点”的不同	对外，关注合规	对内，关注价值创造
2	“目的”的不同	为企业数钱	为企业赚钱
3	“底层逻辑”的不同	合规，控制风险	以实现企业战略为使命，以创造价值为核心
4	“时效”的不同	解释历史	看过去、看现在、看未来
5	“工作主体”的不同	整个企业	企业、部门、个人、项目、客户、供应商、产品、区域、流程或某个环节
6	“工作内容”的不同	记账、报账、编制报表和审计等	战略决策、公司理财、战略预算、经营分析、成本管理、绩效评价和风险管理
7	“工作职责”的不同	记账型会计，很少涉及管理	经营 + 管理型会计，涉及规划、管理、控制、评价和协调
8	“使用工具”的不同	会计准则，税法，记账凭证	数学模型，统计方法，管理工具
9	“由谁做”的不同	财务会计专业人士	财务人士和懂业务、懂管理、懂财务的经营人才

区别 1："面向对象和关注点"的不同

我们以"鱼店之家"为例，来看看管理会计和财务会计两者的面向对象和关注点有何不同。

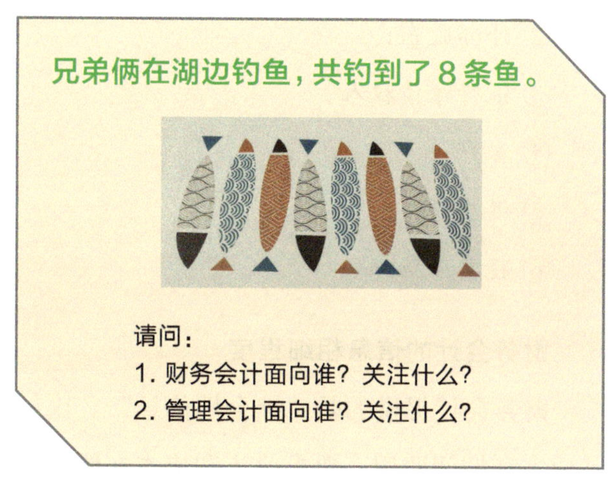

示例 1-1 解析

（1）图说财务会计的面向对象和关注点

从图 1-5 中，我们可以看到 3 个信息。

财务会计关注：这 8 条鱼有没有真实的原始凭证？入账是否合规？

图 1-5　财务会计的面向对象和关注点

财务会计的面向对象

财务会计主要面向“外部”，包括：

① 政府部门，包括但不限于工商局和税务局等；

② 外部股东；

③ 银行等债权人；

④ 客户；

⑤ 供应商；

⑥ 股票分析师。

财务会计的信息粗细程度

财务会计提供的是“综合性信息”。比如，财务会计会将成本分为产品成本和期间费用，要求收入和成本在同一个会计期间内要匹配。不过，财务会计无法体现收入与成本之间的匹配关系。

财务会计的关注点

财务会计关注：证据和合规。

具体来说，财务会计会关注兄弟俩钓上来的这 8 条鱼：

① 有没有真实的原始凭证？

② 入账是否合规？

（2）图说管理会计的面向对象和关注点

从图 1-6 中，我们可以看到 3 个信息。

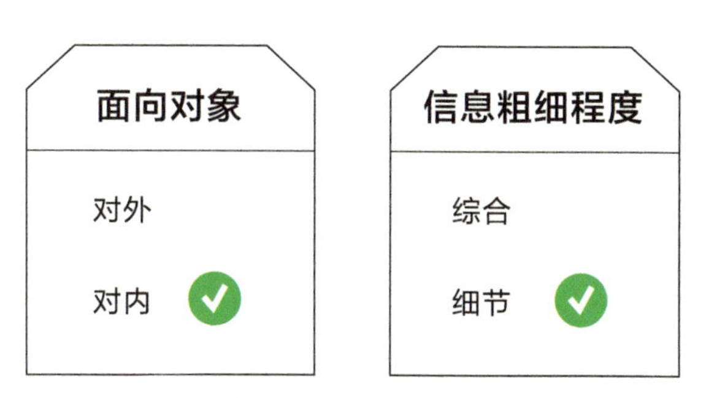

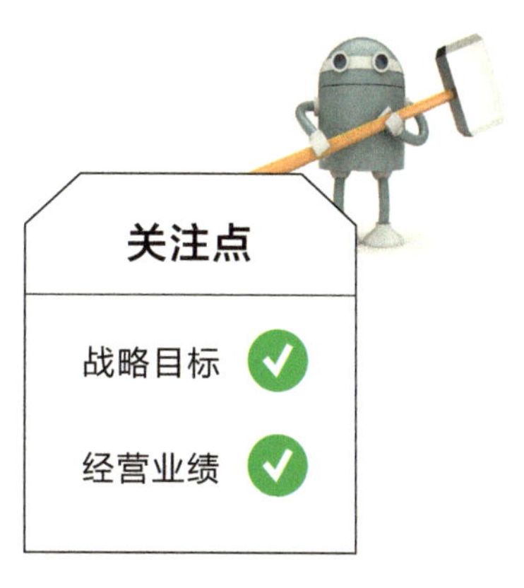

管理会计关注：兄弟俩是否完成了既定目标？如果没完成，原因是什么，如何改善？如果完成了，有哪些成功经验可以复制？

图 1-6　管理会计的面向对象和关注点

管理会计的面向对象

管理会计面向“内部”，包括：

① 企业内部的董事会；

② 经营决策者；

③ 战略、研发、生产、采购、供应链、销售、市场、财务、人力资源、技术、项目管理等企业各级管理者。

管理会计的信息粗细程度

管理会计提供“细节性信息”。从图 1-7 中可以看出：管理会计将成本分为固定成本和变动成本、可控成本和不可控成本。固定成本又进一步分为直接成本和间接成本，高度体现了收入与成本之间的因果关系。

这样做的好处是可以一目了然地看到哪些成本跟收入的上升和下降有直接关联，有利于迅速做出决策。比如，是增加“鱼店之家”产品的销量，还是提高鱼罐头产品的单价；是控制鱼干的变动成本，还是降低鱼罐头的间接生产成本等。

而财务会计提供的“综合性信息”，就无法做到这一点。

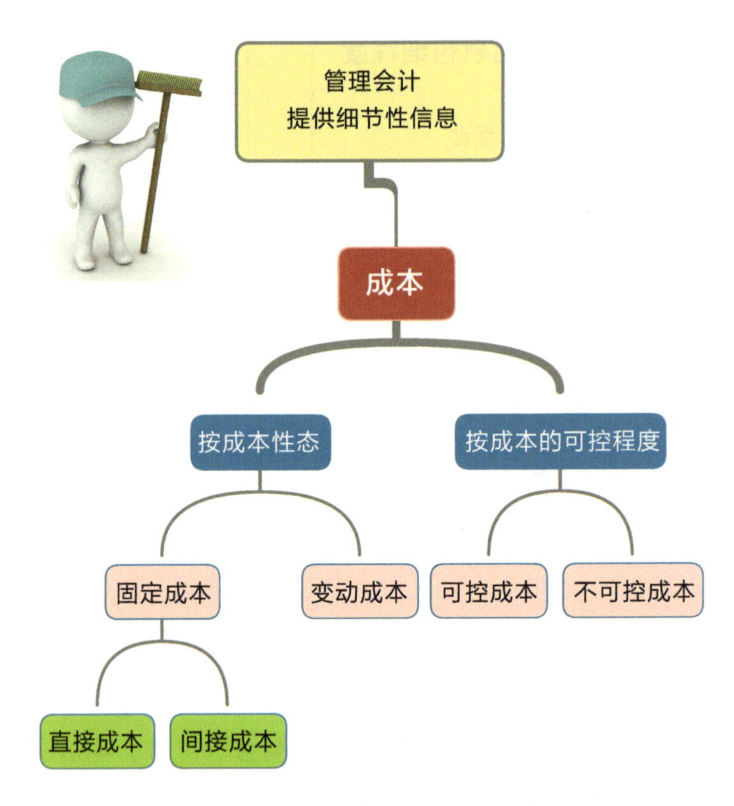

图 1-7　管理会计细化成本分类

管理会计的关注点

管理会计关注：战略目标和经营业绩。

具体来说，管理会计会关注兄弟俩钓上来的这 8 条鱼：

① 跟业务目标对比，兄弟俩是否完成了任务？

② 如果没完成目标，还有多大差距？背后的原因是什么？

③ 如何评价兄弟俩完成的业绩结果，是好、一般还是差？

④ 假设业绩结果不理想，用哪些手段可以提升兄弟俩的钓鱼数量？

可见，管理会计关注的是“经营业绩”，面对的是“目标、业绩、结果”。管理会计侧重于通过严密的逻辑性，找出影响个人、部门和公司业绩的动因，为经营决策提供强有力的支持，不受会计准则和税法制约，不是为了服务于政府监管。

（3）小结

管理会计、财务会计的面向对象和关注点不同，如图 1-8 所示。

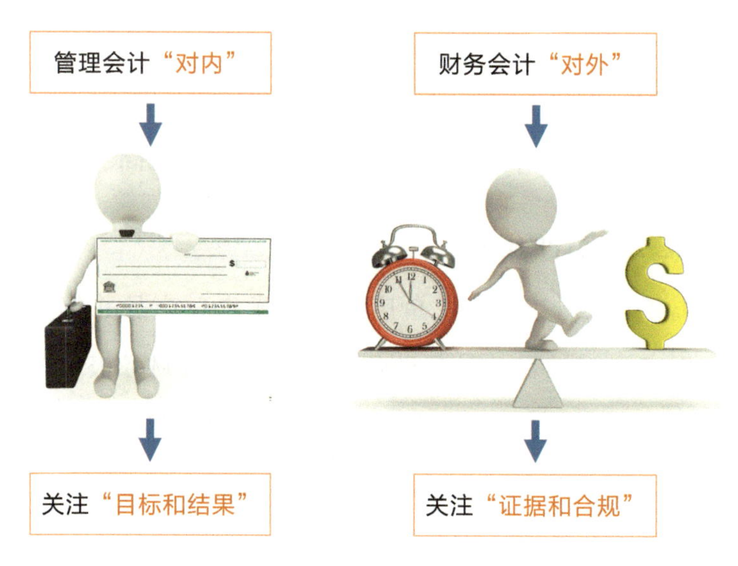

图 1-8　管理会计与财务会计的区别 1

区别 2：“目的”的不同

还是以“鱼店之家”为例，来看看管理会计和财务会计的目的有何不同。

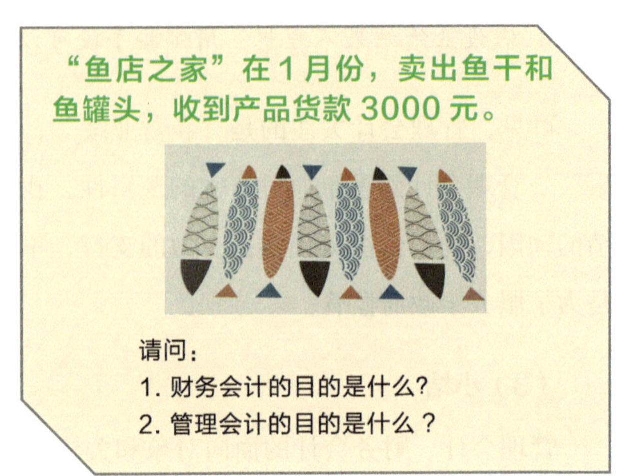

示例 1-2 解析

管理会计和财务会计的面向对象不同，目的就会不同。

（1）图说财务会计的目的

从图 1-9 中可以看出，当“鱼店之家”卖出鱼产品并收回产品货款 3000 元后，财务会计的目的是帮助鱼店数钱，通过财务报表描述鱼店的盈亏情况、资产和负债的组成以及现金流入和流出的状况。

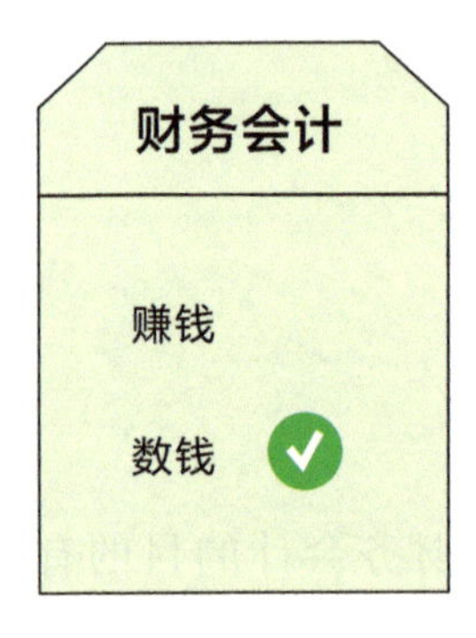

1 月报表，报告“鱼店之家”的财务状况和经营成果：

√ 盈亏情况
√ 资产和负债的组成
√ 现金流入和流出的状况

图 1-9　财务会计的目的

对外财务报表的特点体现在“真实”但“不全面”。因为财务报表是遵循业界统一的会计准则编制而成，任何规则都有其局限性，这就会导致任何一家企业的真实情况都无法完全反映在企业对外的财务报表中。

（2）图说管理会计的目的

从图 1-10 中可以看出，当“鱼店之家”卖出鱼产品并收回产品货款 3000 元后，管理会计的目的是分析鱼店赚钱或不赚钱的原因，找出鱼店赚钱的动因，预测鱼店的经济前景，规划鱼店的营利模式，以及衡量和控制鱼店经营过程中的风险。

1 月鱼店管理会计报告：

√ 分析赚不赚钱和赚多少钱
√ 预测经济前景
√ 规划和决策怎样赚钱
√ 衡量和控制经营风险

图 1-10　管理会计的目的

管理会计报告全面反映企业经营情况，既反映历史信息和数据，也反映现在和未来的信息和数据，可以帮助企业决策层和不同部门的管理者进行最优决策、实现最佳管控，从而促进企业战略落地和价值提升。

（3）小结

管理会计与财务会计的目的是不一样的，如图 1-11 所示。

√ 盈亏情况
√ 资产和负债的组成
√ 现金流入和流出的状况

√ 分析赚不赚钱和赚多少钱
√ 预测经济前景
√ 规划和决策怎样赚钱
√ 衡量和控制经营风险

图 1-11　管理会计与财务会计的区别 2

财务会计的目的是数钱；管理会计的目的是赚钱并始终围绕着企业价值创造和提升，解决企业生存和发展的问题。

两者的目的不同，特征就会有所不同。财务会计的特征是报告、解释；管理会计的特征除了报告和解释外，还有分析、预测、规划、衡量、评价和控制。

区别 3：“底层逻辑”的不同

我们以“鱼店之家”为例，来看看管理会计和财务会计两者的底层逻辑有何不同。

示例 1-3 解析 

（1）图说财务会计的底层逻辑

从图 1-12 中可以看出：当兄弟俩拿回 8 条鱼后，财务会计会充分考虑五大要素。

财务会计的思维模式

√ 收入、费用，该不该入账？
√ 收入、费用，何时入账？
√ 以什么金额入账？
√ 有没有原始凭证？
√ 原始凭证是否真实、有效？

财务会计的底层逻辑

合规 ✔
风险控制 ✔
保守思维 ✔

图 1-12　财务会计的底层逻辑

可以明显看到，财务会计的严谨性和合规性特点。由于受到规则的限制，财务会计思维里的围墙比较厚重，有很多的条条框框，做事很难“跳出财务看财务”。

财务会计的底层逻辑导致企业业务部门和财务部门经常为了报销、发票和税务等事关系不和睦。

（2）图说管理会计的底层逻辑

从图 1-13 中可以看出：当兄弟俩拿回 8 条鱼后，管理会计会充分考虑三大要素。

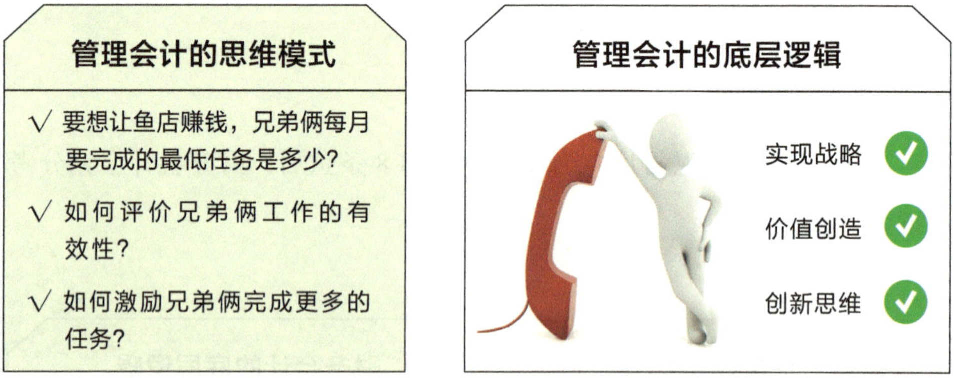

管理会计的思维模式

√ 要想让鱼店赚钱，兄弟俩每月要完成的最低任务是多少?

√ 如何评价兄弟俩工作的有效性?

√ 如何激励兄弟俩完成更多的任务?

管理会计的底层逻辑

实现战略 ✓

价值创造 ✓

创新思维 ✓

图 1-13　管理会计的底层逻辑

我们可以很明显看到，管理会计的底层逻辑是以实现企业战略目标为使命，以价值创造和提升为中心，使用创新思维和工具不断发现问题、分析问题和解决问题，为企业、部门和个人做出最优决策提供支持和建议，引领企业和业务前行。

除此之外，我们还可以看到管理会计比较灵活，不受外部规则制约，能够“跳出财务做财务”，看问题有高度、有格局且很大气。

（3）小结

管理会计和财务会计的目的不同，底层逻辑就会不同，如图 1–14 所示。

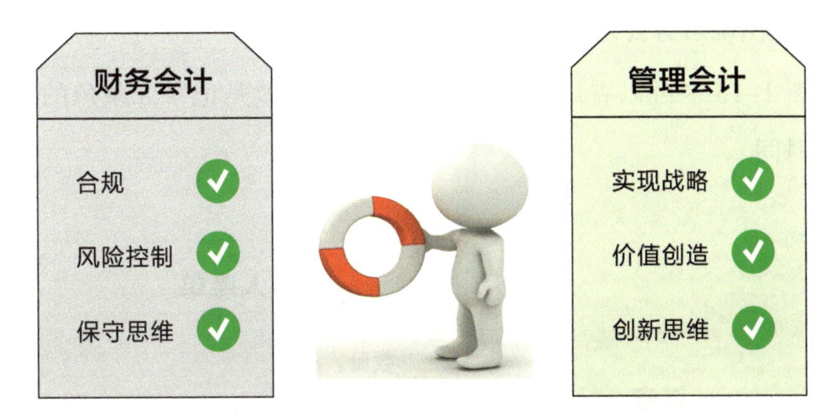

图 1–14　管理会计与财务会计的区别 3

区别 4："时效"的不同

我们以"鱼店之家"为例，来看看管理会计和财务会计两者关注的时效有何不同。

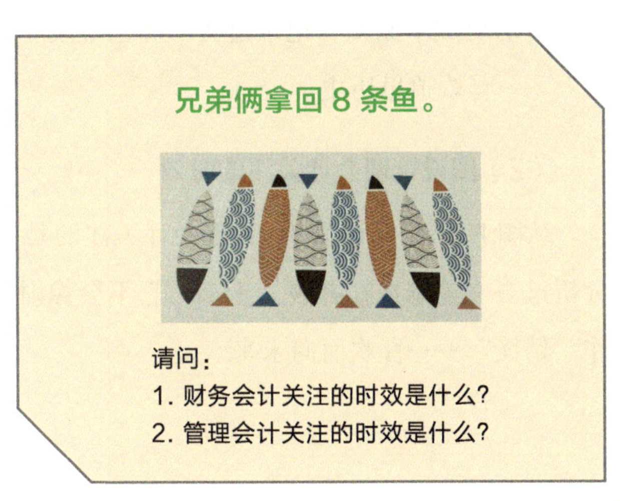

示例 1-4 解析

（1）图说财务会计关注的时效

从图 1-15 中可以看出，财务会计关注的时效是记录 8 条鱼的原始凭证上的时间。

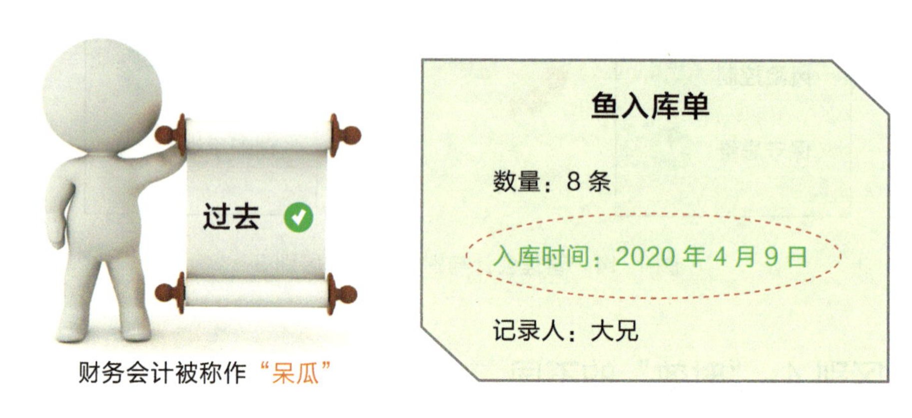

图 1-15　财务会计关注的时效

财务会计关注的是“一段线”，即从今天追溯到以前，秉承客观性原则或者历史成本原则，记录过去实际已经发生的经济业务，常被称作“呆瓜”——喜欢追思历史。

（2）图说管理会计关注的时效

从图 1-16 中可以看出，管理会计关注的是“一整条线”，基于历史数据，分析过去、控制现在并规划未来，它不会像财务会计那么“呆”，常被称作“精怪”——喜欢面向未来。

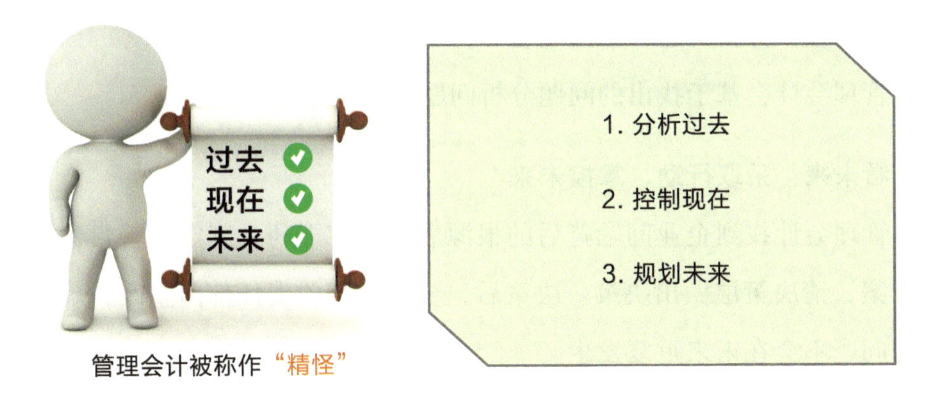

图 1-16　管理会计关注的时效

举例来说，管理会计喜欢做的工作是“三看”：看过去、看现在和看未来，如图 1-17 所示。

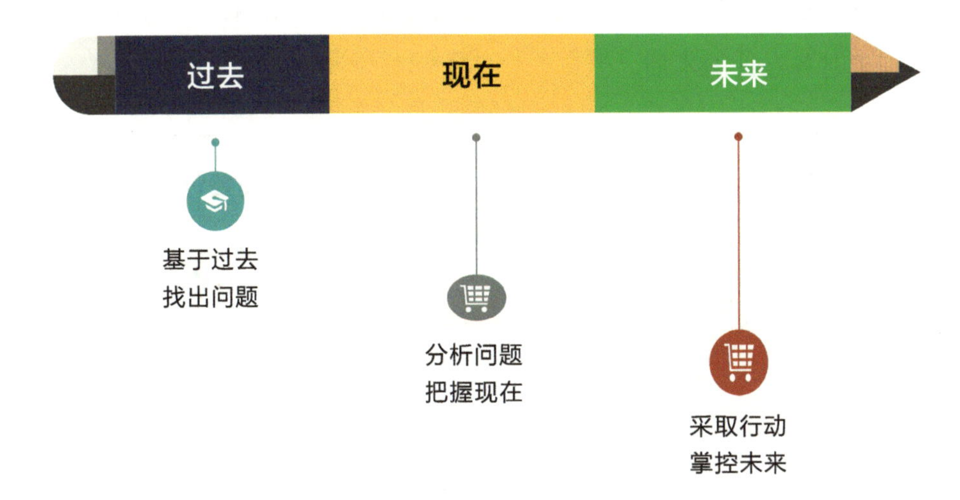

图 1-17　管理会计在时效上的“三看”

看过去：基于过去，找出问题

管理会计会拿公司、部门和个人现在完成的业绩结果与过去完成的业绩结果做分析对比，基于对比情况，锁定问题。

看现在：分析问题，把握现在

管理会计会基于找出的问题分析问题背后的原因。

看未来：采取行动，掌控未来

管理会计找到企业问题背后的根源后会对症下药，制定改善目标和行动方案，请决策层做出决策。决策后，会监控相关责任部门整改，确保同样的问题不会在未来重复发生。

（3）小结

管理会计和财务会计关注的时效不同，如图 1-18 所示。

所以说，财务会计是“面向过去”，而管理会计是“面向未来”。管理会计分析过去的目的是为了更好地控制现在、规划未来，这才是管理会计区别于财务会计的本质。

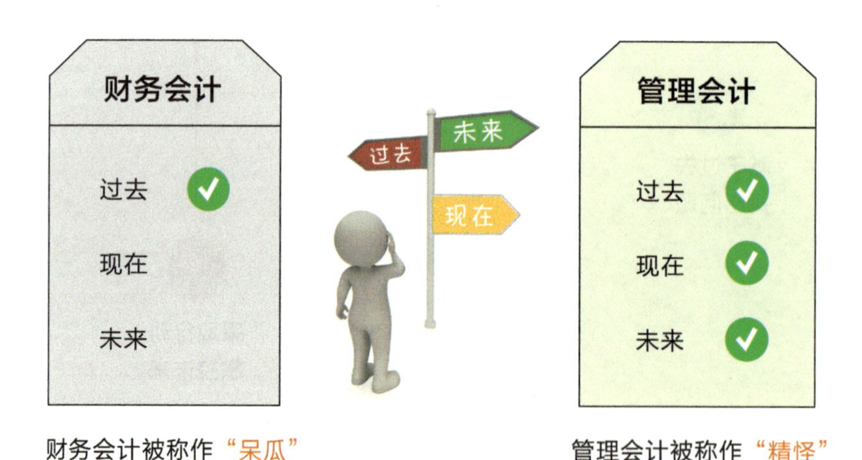

图 1-18　管理会计与财务会计的区别 4

区别 5：“工作主体”的不同

我们以“鱼店之家”为例，来看看管理会计和财务会计两者的工作主体有何不同。

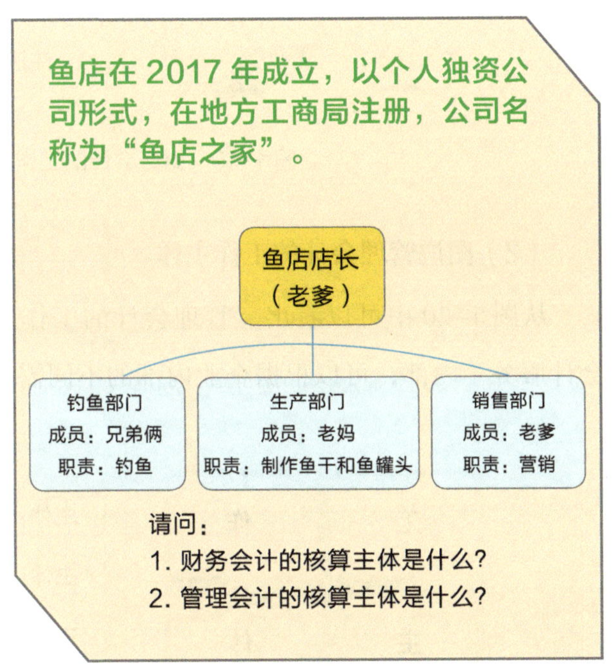

示例 1–5 解析

（1）图说财务会计的工作主体

从图 1–19 中可以看出，财务会计的工作主体是个人独资公司“鱼店之家”，根据企业会计准则要求，对“鱼店之家”已经发生的交易或事项进行记录、加工处理，提供并解释历史信息。

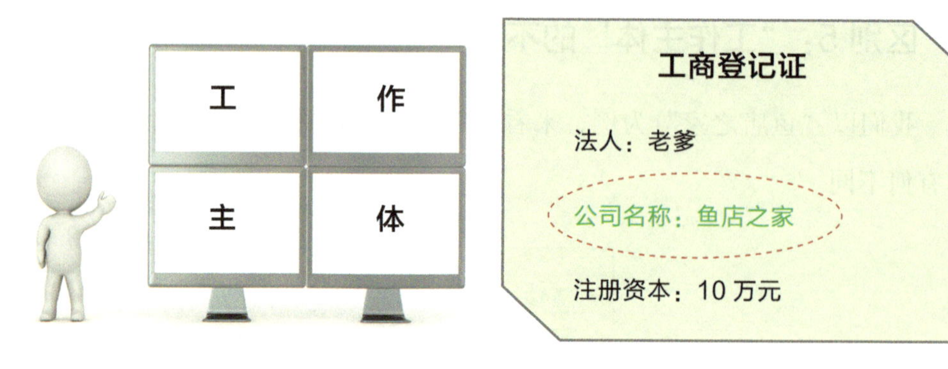

图 1-19　财务会计的工作主体

（2）图说管理会计的工作主体

从图 1-20 中可以看出，管理会计的工作主体是有层次性的，因管理会计服务于内部，可以根据企业内部的不同需求设定主体。

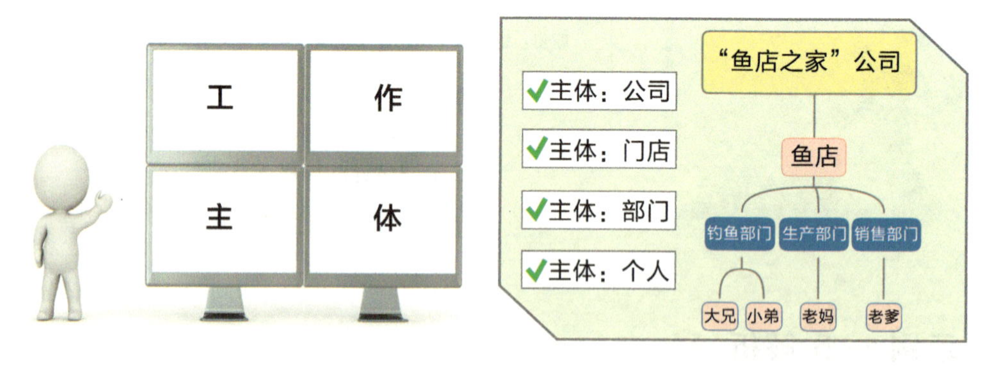

图 1-20　管理会计的工作主体

由此可见，管理会计提供的决策支持信息更具体、更深入、更细致，范围更广，更能反映企业全方位、全过程、全员的经营管理状况，更利于决策者做出最优决策。

（3）小结

管理会计和财务会计的工作主体不同，两者有本质区别，如图 1-21 所示。

图 1-21　管理会计与财务会计的区别 5

所以说，财务会计是“记账型会计”，而管理会计则是“经营和管理型会计”。

企业在划小核算单位后，由于财务会计提供的是以企业为核算主体的“综合性信息”，数据颗粒度较大，因此光靠财务会计无法进行阿米巴建设。而管理会计则完全不同。需要特别说明的是，阿米巴的核心就是管理会计。

区别 6：“工作内容”的不同

我们以“鱼店之家”为例，来看看管理会计和财务会计两者的工作内容有何不同。

兄弟俩钓鱼，鱼店生产鱼干和鱼罐头，卖产品，收钱。

请问：

1. 财务会计的工作内容是什么?
2. 管理会计的工作内容是什么?

示例 1–6 解析

管理会计和财务会计的工作内容有本质的区别。

（1）财务会计的工作内容

财务会计的主要工作是根据钓鱼数量和成本，生产制作鱼干和鱼罐头的成本、费用和数量，销售鱼产品的收入、数量和成本等一系列经营活动的性质和原始凭证，按照会计准则的要求进行记录入账、编制报表、按期申报税务并配合外审要求进行审计，如图 1–22 所示。

财务会计的报告有固定的格式和模板，比如：资产负债表、损益表和现金流量表。

财务会计人员不需要了解鱼店的战略目标和产品特色，也不需要了解鱼店钓鱼、生产、销售部门的业务流程和组织架构，他们只要有能够反映经营活动的有效凭证就可以工作。

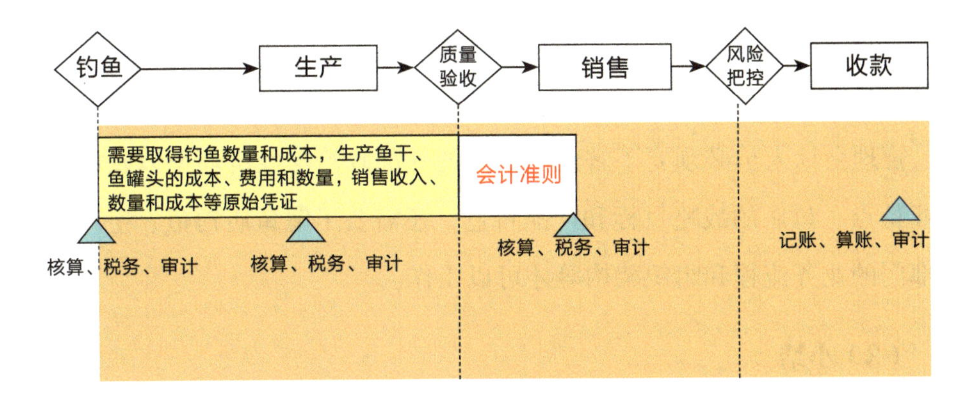

图 1-22 财务会计的工作内容

（2）管理会计的工作内容

管理会计的主要工作侧重在“管理”，工作内容包括：全面预算管理、成本管理、绩效管理、公司理财、内部控制和风险管理、经营分析、战略规划及决策管理，如图 1-23 所示。

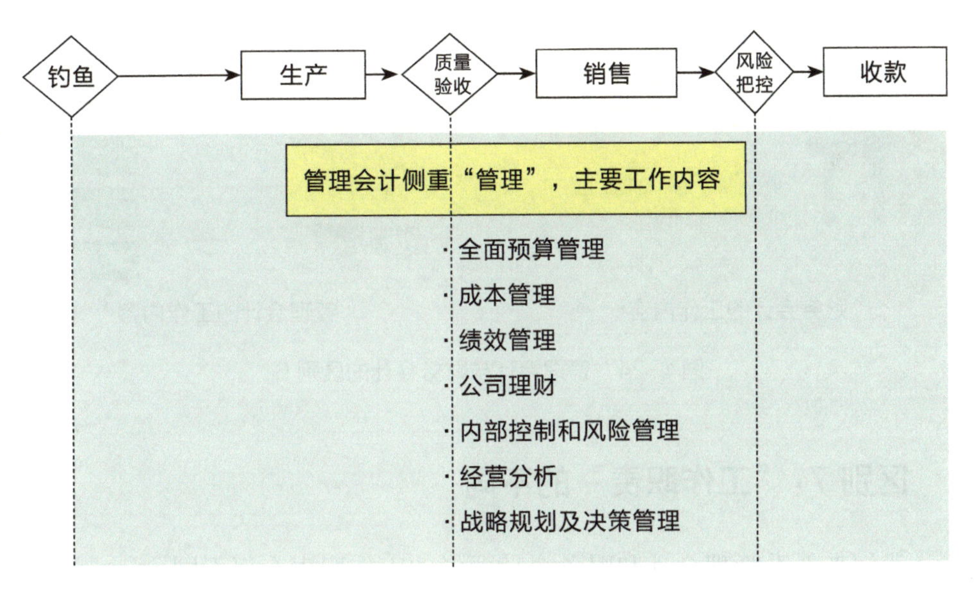

图 1-23 管理会计的工作内容

管理会计报告没有固定的格式和模板，各家企业都是“八仙过海，各显神通”。

管理会计人员必须要了解鱼店所处的外部政治与经济环境以及所处的行业特点、鱼店的战略目标和产品特色，还需要了解鱼店钓鱼、生产、销售部门的业务流程和组织架构等才可以工作。

（3）小结

管理会计与财务会计的工作内容是不一样的，如图 1-24 所示。财务会计的工作内容是记账、报账、编制报表、税务和审计；管理会计的工作内容是战略决策、公司理财、战略预算、经营分析、风险管理、成本管理和绩效评价等。

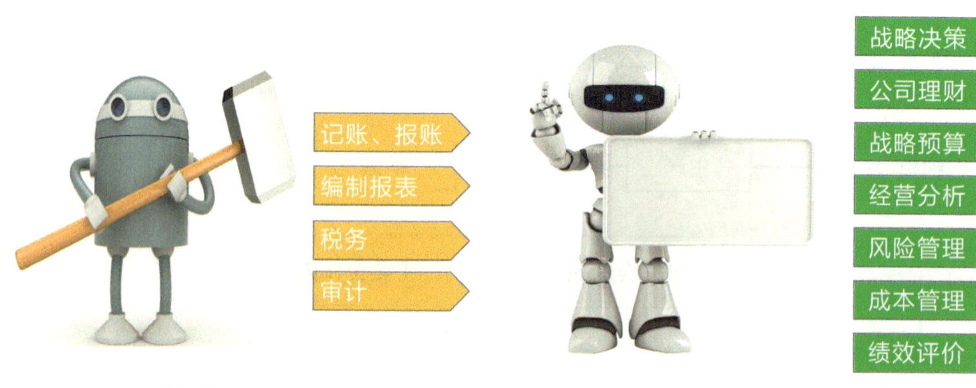

图 1-24　管理会计与财务会计的区别 6

区别 7：“工作职责”的不同

我们来看看管理会计和财务会计两者的工作职责有何不同。

某公司发布了两则招聘启事，招聘财务会计和管理会计。

示例 1-7 解析 

从图 1–25 中可以看出，管理会计和财务会计的工作职责完全不一样。

管理会计职责

1. 负责事业部年度预算编制、执行监控；
2. 负责事业部月度绩效管理报表编制；
3. 负责事业部盈利模型搭建和投资回报分析；
4. 负责监控事业部的现金使用效率，并提出改进建议；
5. 负责库存规模管理分析，提出建议方案；
6. 负责编制事业部、职能体系的预算执行分析报告，分析主要指标的预算完成情况，分析造成差异的主要原因，并提出改进措施和建议；
7. 针对事业部的实际业绩情况，提出开源节流的建议。

财务会计职责

1. 负责公司发票的申请、购买和保管；
2. 负责公司的纳税申报；
3. 负责制作记账凭证，并在系统中及时录入；
4. 审核员工的日常报销费用；
5. 负责固定资产的登记、管理、对账；
6. 制定会计核算流程；
7. 保证会计核算与税务工作的真实、完整、及时和可控。

图 1–25　管理会计和财务会计的工作职责

（1）财务会计的工作职责

财务会计主要负责填凭证、做报表、报销、申报纳税等，做一些简单的会计方面的分析工作，以核算为主，很少涉及管理方面的工作。

财务会计跟凭证、准则、数据、税法打交道，无须关注人性问题，也不用关注目标问题，但必须确保合规性和准确性，如图 1-26 所示。

跟凭证、准则、数据、税法打交道

不关注人性和目标，关注合规性和准确性

以核算为主，很少涉及管理

图 1-26　财务会计的工作职责

（2）管理会计的工作职责

管理会计主要负责计划、预算、分析、控制和评价等工作，以实现企业战略为目标，支持不同层级的管理者进行最优决策。

管理会计不用在意数据的精准，但考虑问题需要从人性角度出发，需要结合企业目标，挖掘业绩做得好或不好的动因。在做决策和采取行动前，应充分考虑企业文化、人员素质和特点，否则制定的决策和行动方案很难落地，如图 1-27 所示。

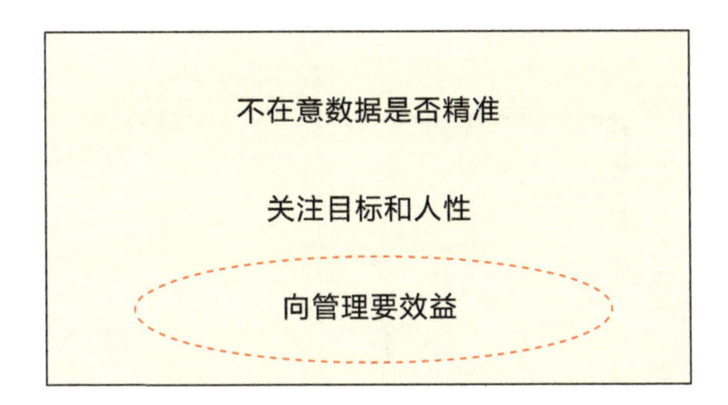

图 1-27　管理会计的工作职责

（3）小结

管理会计和财务会计的工作职责完全不一样，如图 1-28 所示。

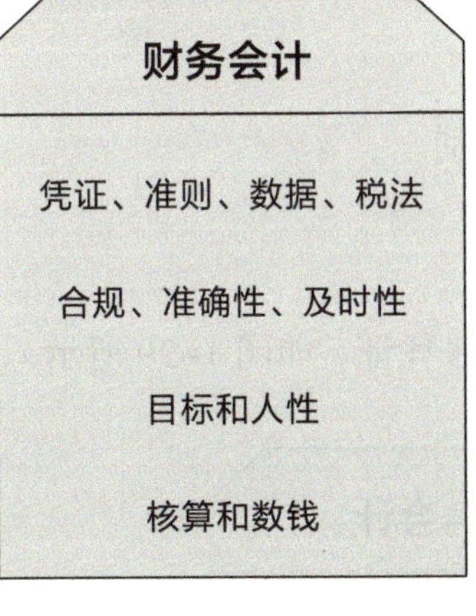

1. 跟谁打交道
2. 关注什么
3. 不关注什么
4. 以什么为主

管理会计

目标、人、财、物

目标和人性

数据是否准确

管理效益和赚钱

图 1-28　管理会计与财务会计的区别 7

区别 8：“使用工具”的不同

我们以“鱼店之家”为例，来看看管理会计和财务会计两者使用的工具有何不同。

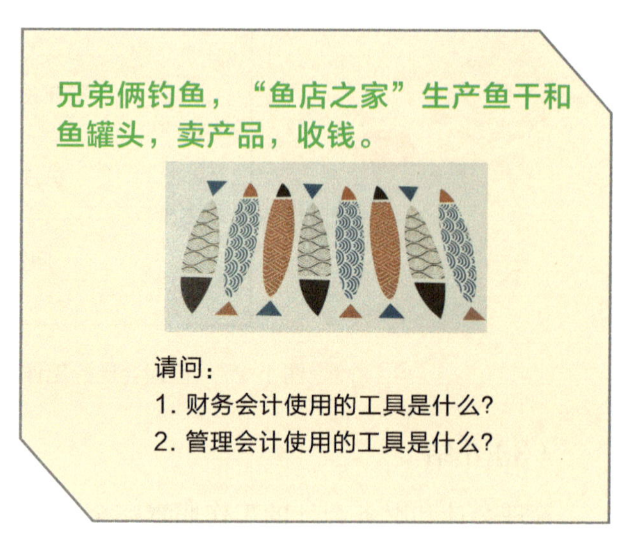

示例 1-8 解析

管理会计和财务会计使用的工具有本质的区别。

（1）财务会计使用的工具

财务会计使用的工具为会计准则、税法和记账凭证，如图 1–29 所示。

图 1–29　财务会计使用的工具

（2）管理会计使用的工具

管理会计使用的工具有 3 类：数学模型、统计方法和管理工具。具体来说，包括战略预算、平衡计分卡、战略地图、PEST 模型、杜邦模型、盈亏平衡、敏感性分析和作业成本法等，如图 1-30 所示。

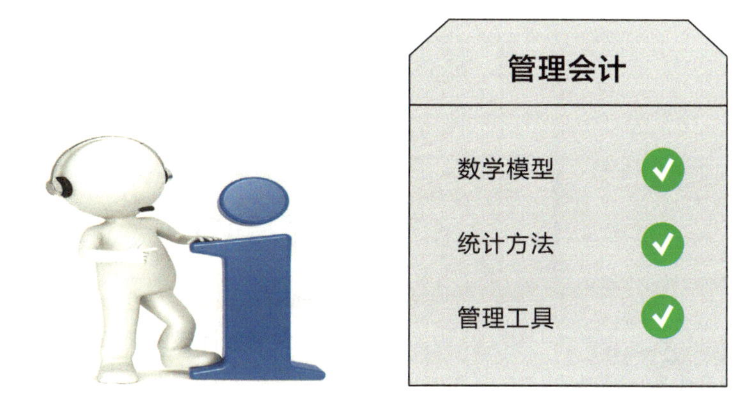

图 1-30　管理会计使用的工具

（3）小结

管理会计和财务会计使用的工具有着本质的区别，如图 1-31 所示。

图 1-31　管理会计与财务会计的区别 8

区别 9："由谁做"的不同

我们以"鱼店之家"为例，来看看管理会计和财务会计两者的由谁做有何不同。

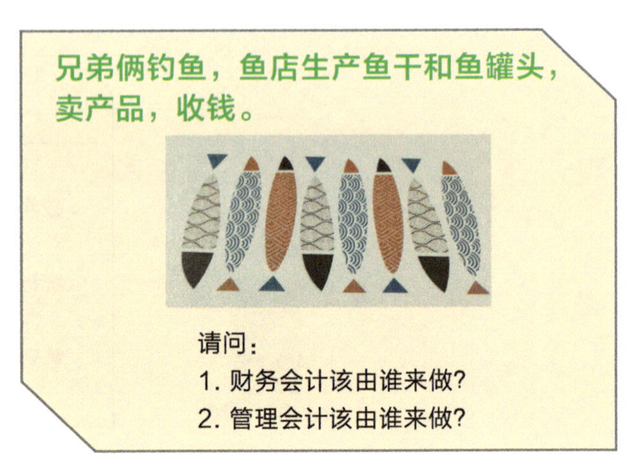

示例 1-9 解析

（1）财务会计工作由谁做

从图 1-32 中可以看出，财务会计的工作该由财会基础知识扎实、操作能力强、工作细致的财会专业人才来承担。

（2）管理会计工作由谁做

从图 1-33 中可以看出，管理会计的工作无须从业人员学习财务或会计专业知识，但需要从业人员懂企业战略、懂业务和产品、懂管理，具备管理会计思维和创新思维，有好奇心和沟通能力，有较强的分析与判断能力，具备较宽的知识面和果断的应变能力。管理会计的水平取决于从业人员综合素质的高低。

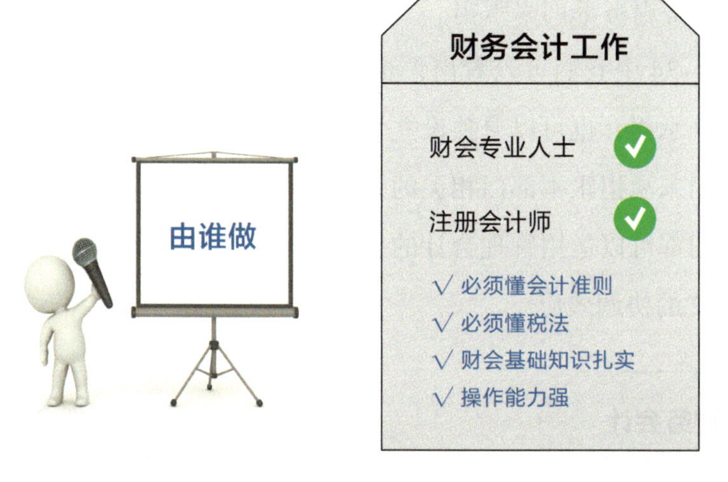

图 1-32　财务会计工作由谁做

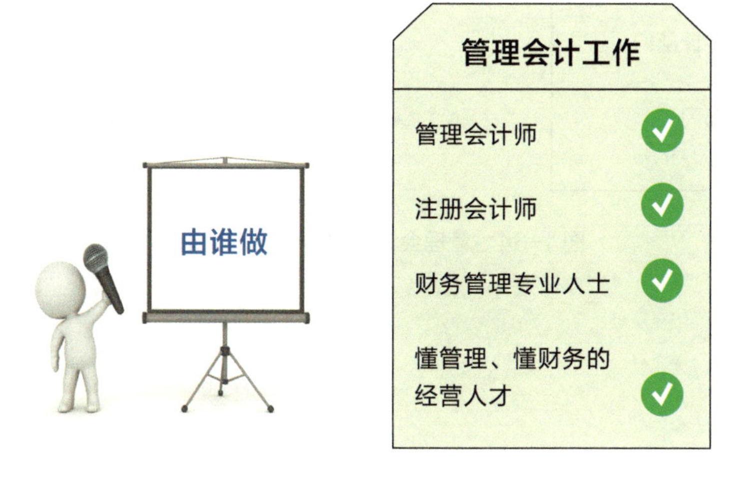

图 1-33　管理会计工作由谁做

（3）小结

综上所述，管理会计和财务会计对从业人员的要求有本质的区别。因此，财务会计的工作必须由企业的财务部门来完成，而管理会计的工作却不一定由企业财务部门来承担。

从图 1-34 中我们可以看出，企业管理会计工作既可以由会计部门或财务部门来承担，也可以单独设立管理会计部门或管理会计中心，还可以由业务部门来承担跟本部门相关的管理会计工作。从这个角度来说，企业的所有部门都可以运用管理会计的思维和方法，提升本部门的价值，从而实现 1+1>2 的协调效应。

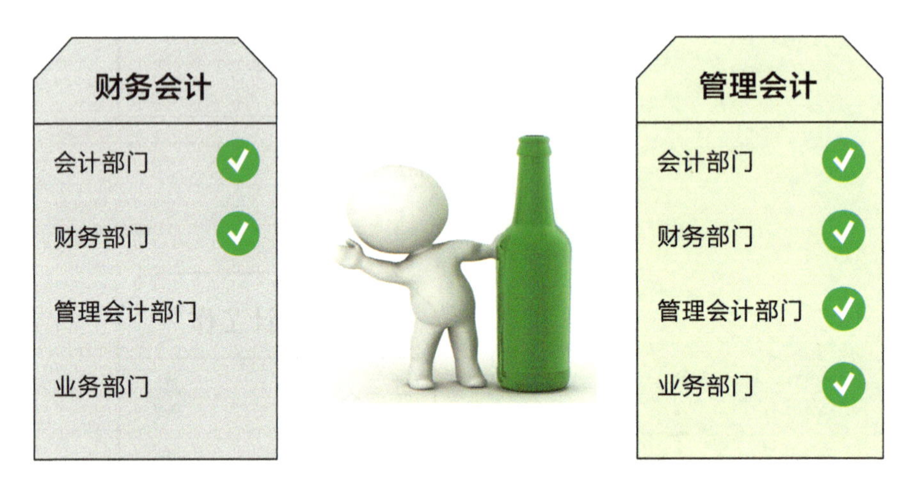

图 1-34　管理会计与财务会计的区别 9

第三节　5W1H 法，图说管理会计知识汇

三姐（管理会计师）花了一下午时间，给两位姐姐和两位弟弟声情并茂地讲述了管理会计与财务会计的九大区别。

听完后，大姐（财务会计主管）叹了一口气，说道："我们公司的财务会计每天都是在黏贴凭证、整理数据做账，月初报税，月中发放工资，月末出具报表。以前我们手工做报表时，如果有一分钱对不上，我们都得加班搞个通宵。我们的工作确实和管理会计不一样，我们不能'跳出财务看财务'，缺乏业财融合经验，不了解企业的生产运作情况。"

兄弟俩听后也非常兴奋，说道："今天听完三姐的介绍后，我们终于明白管理会计跟我们业务关联密切，能帮助业务迅速发展，还能帮助老爹和老妈解决他们各自的经营、生产和管理痛点，就像'万能钥匙'一样，打开很多业务、运营和管理上难开的'锁'啊。哎，早知你能帮到我们，咱们应该早点接上头。

"三姐，我们强烈建议，等老爹和老妈回来后，你给我们细致地讲一下：

1. 管理会计如何为鱼店创造价值？
2. 管理会计如何发挥分析、控制、规划、决策等作用？"

大姐和二姐也表示认同，希望能够系统性学习管理会计知识，在人工智能普及应用前，能够不被淘汰，给自己的未来多留一个出路。

三姐听了，笑了笑说道："让我琢磨一下怎么讲，等老爹和老妈回来后，找个时间，我给你们6个人一起上一堂'管理会计如何创造价值'的大课。你们可得做好记录，然后好好应用它。工具方法再好，放在那里不用，就是浪费，更对不起我付出的时间成本。"

一、导入5W1H工具，理解管理会计更容易

三姐琢磨了一下，觉得短期内，要想给大姐、二姐以及没有任何财务

和会计基础知识的老爹、老妈、兄弟俩讲课，这可真是一件大难事。

仔细考虑后，三姐决定引入逻辑思考工具5W1H法，也叫六何分析法。这是在1932年，由美国政治学家拉斯韦尔提出的一套思考方法，后经过人们不断运用和总结，逐步形成了一套成熟的模式。

5W1H法的构成元素，如图1–35所示。

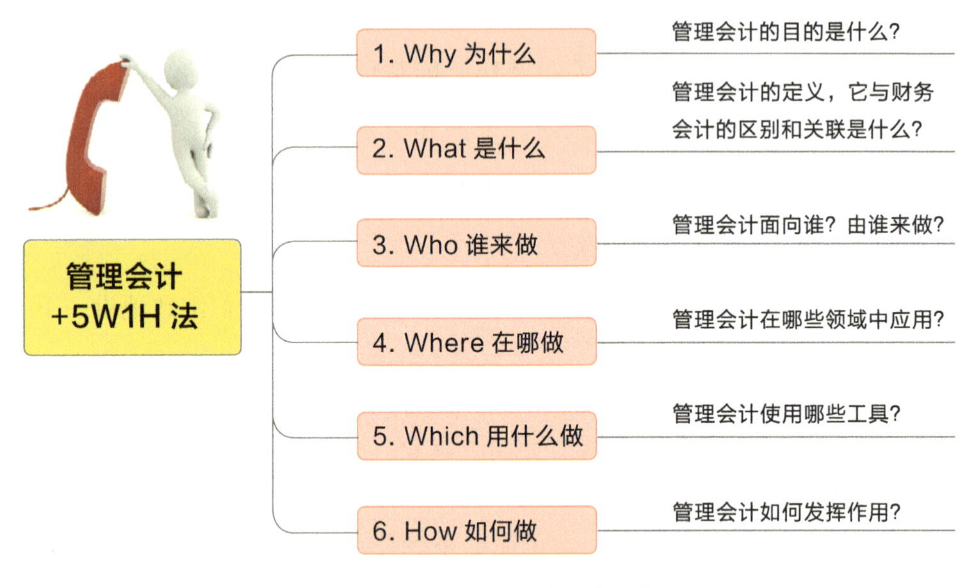

图1–35　5W1H法的构成元素

二、5W1H法：图说“鱼店之家”中的管理会计知识汇

三姐按照5W1H法，即“为什么–是什么–谁来做–在哪做–用什么做–如何做”的逻辑顺序，设计了一张管理会计知识总览图，如图1–36所示，准备以“鱼店之家”为例，详细揭秘管理会计的常识。

对照图1–36的框架思路，三姐发现有5个知识点已经给两个姐姐和两个弟弟讲完了，于是她在总览图中画了“✓”，做了标记。

图 1-36 5W1H 法:“鱼店之家”中的管理会计知识总览

剩下的知识点，三姐计划利用两个晚上的时间，以“鱼店开源节流”为例，给鱼店家族所有成员讲两节大课，课程内容如下。

1. 管理会计都有哪些特征？这些特征如何帮助企业用好钱、钱生钱？
2. 管理会计是什么？如何走出 4 大认知误区？

第二章

从鱼店开源节流，看管理会计六大特征

内容概要

本章以“1 页纸”思维导图开篇，站在业财融合、知行合一的角度，通过一个浅显易懂的“鱼店之家”的案例，从可实操的角度，穿插了6个示例，18张图和2张表，图文并茂、生动趣味地将管理会计的六大特征与“鱼店之家”的销量下滑分析、业务部门绩效评价、未来3年收入增长预测、降本增效的决策、开源节流的规划以及产品生产质量风险控制等实务操作充分融合在一起，详细介绍了如何利用管理会计做好企事业单位的分析、评价、预测、决策、规划和控制。

第二章 从鱼店开源节流，看管理会计六大特征

故事引文——
从“鱼店之家”店长的六大忧愁说起

第一节
管理会计的特征

- 一、一张图，秀出管理会计六大特征
- 二、管理会计六大特征简介

第二节
分析鱼店销量为何下滑

- 一、管理会计如何发挥“分析”作用
- 二、示例解析：分析鱼店销量下滑的原因
- 三、管理会计分析：给企业带来的四大好处

第三节
评价钓鱼部门业绩好坏

- 一、管理会计如何发挥“评价”作用
- 二、示例解析：评价钓鱼部门业绩好坏
- 三、管理会计评价，给企业带来的四大好处

第四节
预测鱼店未来3年的收入增长

- 一、管理会计如何发挥“预测”作用
- 二、示例解析：预测鱼店未来3年业务收入
- 三、管理会计预测：给企业带来的四大好处

第五节
为鱼店制定降本增效的决策

- 一、管理会计如何发挥“决策”作用
- 二、示例解析：为鱼店制定降本增效的决策
- 三、管理会计决策，给企业带来的四大好处

第六节
规划鱼店的开源和节流

- 一、管理会计如何发挥“规划”作用
- 二、示例解析：绘制鱼店开源节流规划蓝图
- 三、管理会计规划，给企业带来的两大好处

第七节
控制鱼店生产质量风险

- 一、管理会计如何发挥“控制”作用
- 二、示例解析：如何在不增加成本的前提下控制产品质量风险
- 三、管理会计控制，给企业带来的四大好处

志英观点

管理会计有六大特征，分别是分析、评价、预测、决策、规划和控制。

用好管理会计，可以帮助企业用好钱、钱生钱，找到企业在市场中的最佳位置，赢得永续发展。

故事引文

从"鱼店之家"店长的六大忧愁说起

在第一晚讲座开始前，"鱼店之家"的"军师"三姐与店长老爹做了一次深入的交谈。

在交谈过程中，三姐发现老爹心事重重，一直为鱼店的可持续发展感到焦虑，主要集中在几个方面，如表 2-1 所示。

表 2-1　鱼店存在的 6 大问题以及店长老爹的六大忧愁

序号	鱼店存在的问题	鱼店店长老爹的忧愁
1	销量下滑	鱼店最近销量下滑，原因何在？
2	业绩评价	2019 年 9 月，鱼店的钓鱼部门总共钓了 156 条鱼，这个业绩是好、一般还是差？如何评价钓鱼部门的绩效完成情况？
3	发展缓慢	鱼店自成立以来业绩增长一直比较缓慢，鱼店未来的发展空间在哪里？
4	销售费用高	与本地市场上同类规模的门店相比，鱼店的销售费用要高出 8%，这该怎么办？
5	盈利不佳	鱼店自开业以来一直处于微利状态，有什么方法可以帮助鱼店开源和节流？
6	产品风险	鱼店的产品包装和品类曾遭到顾客投诉，如何在不增加生产成本的前提下，有效地控制鱼店产品的质量风险？

鱼店的痛点是大多数企业都有的痛点，店长老爹的忧愁是大多数企业管理者都有的忧愁。

三姐决定结合鱼店的痛点和老爹的忧愁，讲述管理会计的六大特征，以及如何通过管理会计，解决鱼店的经营管理难题，提升鱼店的核心竞争力。

于是，第一晚的讲座“从鱼店开源节流，看管理会计六大特征”在大家的热烈掌声中开始了……三姐（管理会计师）开始娓娓道来。

第一节　管理会计的特征

一、一张图，秀出管理会计六大特征

管理会计有六大特征，如图 2-1 所示。

图 2-1　管理会计的六大特征

二、管理会计六大特征简介

特征 1：分析

分析是指做企业经营业绩的动因分析，找出彼此内在的关联。

特征 2：评价

评价是指评价企业经营业绩的好坏。

特征 3：预测

预测是指预测企业的经济前景。

特征 4：决策

决策是指帮助企业进行高质量的决策。

特征 5：规划

规划是指规划企业的经营活动。

特征 6：控制

控制是指控制企业经营活动的风险。

下面以“如何为鱼店做开源节流”为主题，列举 6 个示例，讲述管理会计如何发挥分析、评价、预测、决策、规划及控制的作用，帮助鱼店店长解除忧愁和烦恼。

第二节　分析鱼店销量为何下滑

一、管理会计如何发挥“分析”作用

管理会计以分析为切入点。通过分析，可以找出原因和改善方向，据此制定决策。

二、示例解析：分析鱼店销量下滑的原因

我们以“鱼店销量”为例，用管理会计动因分析法，分析鱼店销量下滑的原因。

示例背景：

鱼店不知为何，最近销量下滑。

示例 2–1 解析

用管理会计的方法，将导致“鱼店之家”销量下滑的所有因素全部罗列出来，如图 2–2 所示。

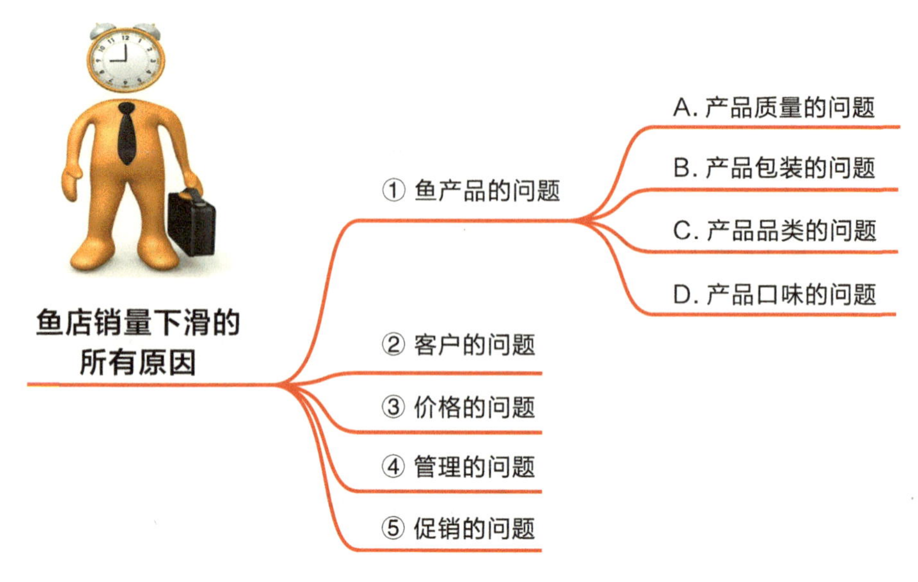

图 2-2　“鱼店之家”销量下滑的原因分析

从图 2-2 中我们可以看到，导致“鱼店之家”销量下滑的原因共有 5 个。针对每一个原因，管理会计会继续手剥春笋、挖地三尺，找出背后的“真凶”。

比如，管理会计会一层一层展开更深入的分析，通过问问题的方式，找出产品问题的两个根源：其一，产品包装不吸引人；其二，产品品类少。如图 2-3 所示。

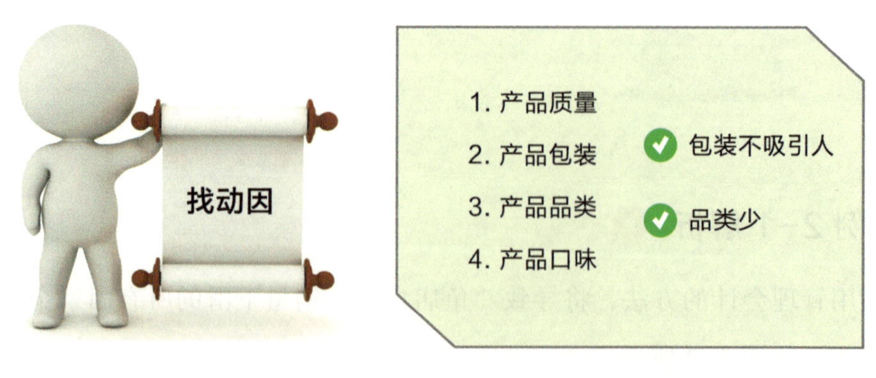

图 2-3　分析鱼店销量下滑与鱼产品问题的关联

三、管理会计分析，给企业带来的四大好处

通过示例 2-1 可以看出，管理会计的动因分析可以深入挖掘问题的根源，精准定位企业问题、制定解决方案、提升企业收入和利润以及提高企业经营效率和管理质量，如图 2-4 所示。

图 2-4　管理会计分析给企业带来的四大好处

只有认识问题的本质，才能制定针对性的解决方案，这正是管理会计的魅力所在。

第三节　评价钓鱼部门业绩好坏

一、管理会计如何发挥“评价”作用

评价是规划和决策的基础。

管理会计以考核评价经营成果为手段，通过运用特定的指标、标准和

方法，对企业、部门和个人的业绩或某项目的成果做出判断，结合激励机制，实行奖惩。

二、示例解析：评价钓鱼部门业绩好坏

以“钓鱼部门业绩”为例，管理会计可以通过专业方法对“鱼店之家”钓鱼部门完成的业绩好坏做出判断。

示例背景：

2019年9月，“鱼店之家”的钓鱼部门总共钓了156条鱼。

这个业绩是好、一般还是差？如何评价钓鱼部门的绩效完成质量？

示例2-2 解析

1. 业绩评价思路：打好组合拳

要想回答这个问题，就需要打好组合拳并做好3件事，如图2-5所示。

第1件事：做同比分析

将“鱼店之家”钓鱼部门2019年9月完成的钓鱼数量与2018年9月完成的数量做对比分析：

- 如果高于前一年的完成数量，就没有问题；
- 如果低于前一年的完成数量，就要深入挖掘原因。

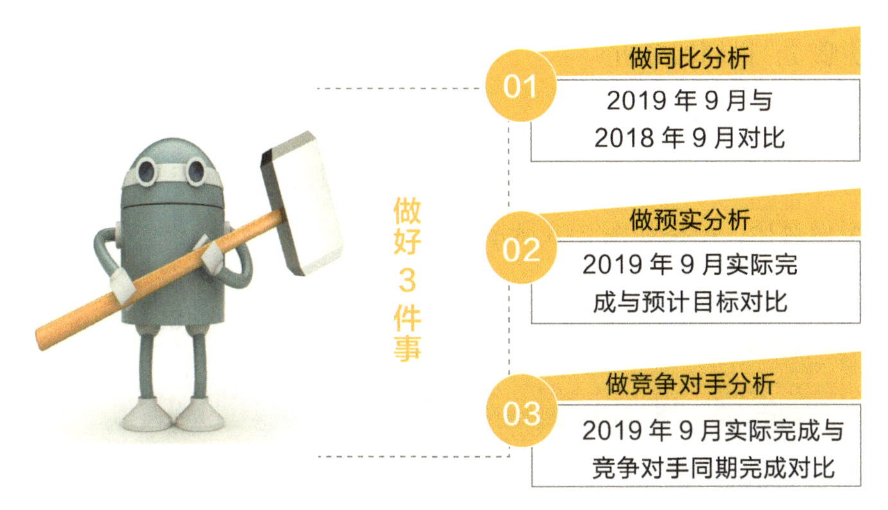

图2-5　管理会计业绩评价思路——打好组合拳

第2件事：做预实分析

将“鱼店之家”钓鱼部门2019年9月实际完成的钓鱼数量与预计目标完成数量做对比分析：

- 如果高于或等于预计目标完成数量，就没有问题；
- 如果低于预计目标完成数量，就要深入挖掘原因。

第3件事：做竞争对手分析

将“鱼店之家”钓鱼部门2019年9月完成的钓鱼数量与竞争对手同期完成的数量做对比分析：

- 如果高于或等于竞争对手完成的数量，就没有问题；
- 如果低于竞争对手完成的数量，就要深入挖掘原因。

2. 业绩评价的具体操作步骤

顺着这个思路收集数据，进行对比分析后，结果如下。

步骤 1：做同比分析

① 数据对比图

将“鱼店之家”钓鱼部门 2019 年 9 月业绩完成情况与 2018 年同期完成情况做对比，结果如图 2–6 所示。

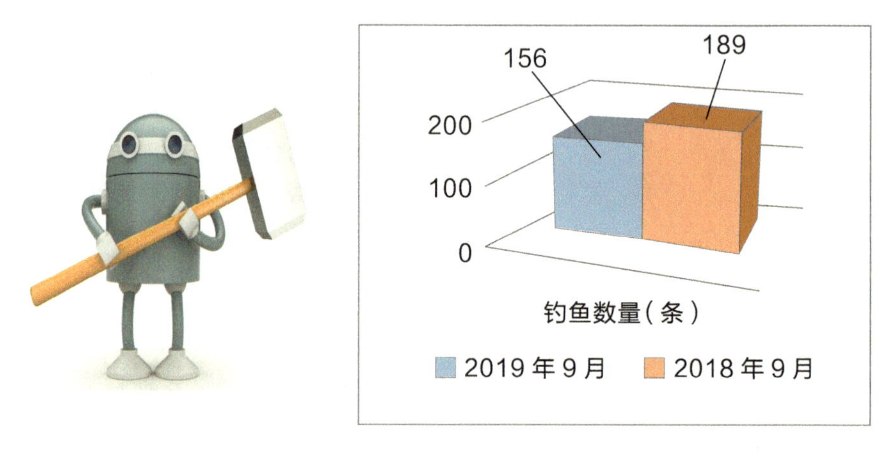

图 2–6 “鱼店之家”2019 年 9 月钓鱼数量与 2018 年同期对比

从图 2–6 中可以看出同比分析结果：钓鱼部门 2019 年 9 月完成的钓鱼数量小于 2018 年同期。

② 业绩评价图

将“鱼店之家”钓鱼部门 2019 年 9 月业绩完成情况与 2018 年同期做对比，业绩评价结果如图 2–7 所示。

从图 2–7 中可以看出，钓鱼部门 2019 年 9 月完成的钓鱼数量与 2018 年同期对比少了 33 条鱼，业绩跌幅为 17%，业绩评价为“差”。

钓鱼部门	2019 年 9 月	2018 年 9 月	差异	下降幅度
钓鱼数量（条）	156	189	-33	17%

图 2-7 “鱼店之家”钓鱼部门 2019 年 9 月与 2018 年同期对比后的业绩评价

步骤 2：做预实分析

问题发现：“鱼店之家”自成立以来，从来没有做过预算和计划，所以此项数据对比无法完成。

建　　议：“鱼店之家”需要尽快建立财务预算的概念。

步骤 3：做竞争对手分析

“鱼店之家”一共有 4 个强劲的竞争对手，分别是：鱼店 A、鱼店 B、鱼店 C 和鱼店 D。其中，鱼店 A 的产品占市场份额最高。

① 数据对比图

将“鱼店之家”钓鱼部门 2019 年 9 月完成的业绩与鱼店 A、鱼店 B、鱼店 C 和鱼店 D 以及这 4 家鱼店的平均钓鱼数量做对比，结果如图 2-8 所示。

从图 2-8 中可以看出，钓鱼数量最高的是鱼店 A，数量最低的是鱼店 D，“鱼店之家”排在第 4 名。

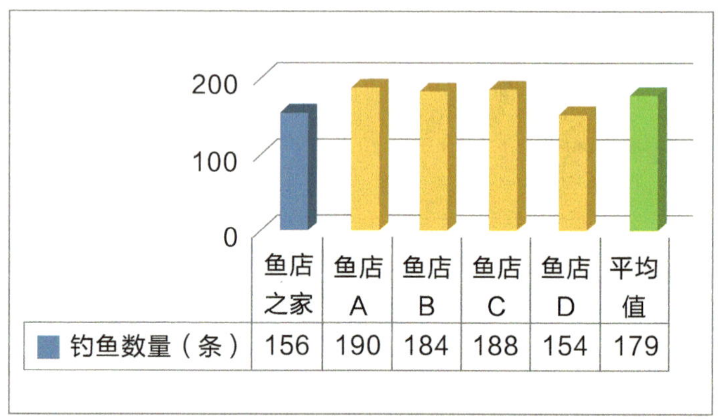

图 2-8 “鱼店之家”2019 年 9 月钓鱼数量与竞争对手同期对比数据

除此之外，2019 年 9 月，4 家鱼店的平均钓鱼数量为 179 条，比“鱼店之家”完成的钓鱼数量要高出 23 条。

② 业绩评价图

将“鱼店之家”钓鱼部门 2019 年 9 月业绩完成情况与竞争对手同期做对比，业绩评价结果如图 2-9 所示。

2019 年 9 月	鱼店之家	鱼店 A	差异	差异率
钓鱼数量（条）	156	190	−34	−18%

2019 年 9 月	鱼店之家	平均值	差异	差异率
钓鱼数量（条）	156	179	−23	−13%

业绩评价

优

良

中

差 ✓

图 2-9 “鱼店之家”钓鱼部门 2019 年 9 月与竞争对手同期对比后的业绩评价

从图 2-9 中可以看出，管理会计对“鱼店之家”钓鱼部门 2019 年 9 月的业绩评价为“差”。主要原因有以下两方面。

A. 对标最好的鱼店指标

最好的鱼店是鱼店 A。

将“鱼店之家”钓鱼部门 2019 年 9 月完成的钓鱼数量与竞争对手鱼店 A 同期完成的数量 190 条做对比，少了 34 条鱼，业绩差异率为 18%，业绩评价为“差”。

B. 对标 4 家鱼店的平均指标

将“鱼店之家”钓鱼部门 2019 年 9 月完成的钓鱼数量与 4 家鱼店同期完成的平均数量 179 条做对比，少了 23 条鱼，业绩差异率为 13%，业绩评价为“差”。

3. 钓鱼部门业绩评价结果

综合以上单项对比评价，“鱼店之家”钓鱼部门 2019 年 9 月业绩完成的总体评价为“差”，如图 2-10 所示。

钓鱼部门	2019 年 9 月	2018 年 9 月	差异	下降幅度
钓鱼数量（条）	156	189	−33	17%

2019 年 9 月	鱼店之家	鱼店 A	差异	差异率
钓鱼数量（条）	156	190	−34	−18%

2019 年 9 月	鱼店之家	平均值	差异	差异率
钓鱼数量（条）	156	179	−23	−13%

图 2-10 “鱼店之家”钓鱼部门 2019 年 9 月业绩完成的总体评价

三、管理会计评价，给企业带来的四大好处

通过示例 2-2 可以看出，通过管理会计评价，企业管理者可以制定理性决策，理性决策是奖惩实施的理论依据。

此外，通过管理会计评价，还可以优化组织结构和职责分工，优化成本结构、提升利润，优化流程、提高效率以及提升企业核心竞争力。如图 2-11 所示。

图 2-11　管理会计评价给企业带来的四大好处

第四节　预测鱼店未来 3 年的收入增长

一、管理会计如何发挥“预测”作用

预测是规划和决策的基础。

业绩预测是企业业务活动的“晴雨表”。管理会计以预测业绩前景为前提，要尽量做到准确。

管理会计会充分考虑经济、政治、市场和社会环境等因素，充分结合企业目标、自身实力和历史业绩完成情况，对企业未来的收入、成本、利润和资金进行预测。其中，销售预测和成本费用预测是整个业绩预测的核心。

二、示例解析：预测鱼店未来 3 年业务收入

以“鱼店收入预测”为例，管理会计可以帮助鱼店店长老爹（代表公司董事会和高管层）预测鱼店在未来几年内的销售收入、成本费用、利润和资金变动情况。

示例背景：

“鱼店之家”自成立以来，一直没有做过预算和预测，所以鱼店的业绩增长一直比较缓慢。

根据管理会计业绩评价结果，“鱼店之家”需要做未来 3 年的业绩收入预测，判断一下鱼店未来几年的收入增长空间。

示例 2-3 解析 

图 2-12 展示了“鱼店之家”2020—2022 年，在本地市场、外地市场和整体市场中的业务收入发展趋势预测。

从图中可以看到“鱼店之家”在未来 3 年内的收入增长趋势：

1. 业务整体增长率为 22%，说明“鱼店之家”依然存在增长空间；

2. 本地市场增长率为4%，原因是本地鱼店过多，同类产品趋于饱和状态，在未来3年内（2020—2022年）增长率较低，“鱼店之家”要想在本地市场竞争中立于不败之地，需要严把产品质量关，改善外包装，同时增加差异性产品；

3. 外地市场业务增长率为30%，说明外地市场业务增长空间大于本地市场，“鱼店之家”需要从即刻起布局外地市场，做好营销推广，网店、渠道商齐头并进，利用未来3年时间，扩大鱼店的生产和销售规模。

图2-12 “鱼店之家”在2020—2022年的业务收入增长预测

三、管理会计预测，给企业带来的四大好处

通过示例 2-3 可以看出，管理会计预测对提高企业核心竞争力，提升企业在市场中的竞争态势有多么的重要。

此外，在风险来临前，企业可以通过预测提前做好谋划布局，进行最优战略和经营决策，改变经营思路，扩大企业规模，提升企业利润，如图 2-13 所示。

图 2-13　管理会计预测给企业带来的四大好处

第五节　为鱼店制定降本增效的决策

一、管理会计如何发挥“决策”作用

决策不是一件容易的事情，它不是简单地在 A、B、C 之间做选择。

有调研显示：决策风险是企业面临的最致命风险，由于决策失败，导致企业灰飞烟灭的真实案例不计其数。

企业决策决定企业命运；管理会计决定决策好坏。

管理会计是决策的好帮手，它可以通过分析、控制、规划、预测来降低经营、管理和决策风险，帮助企业提高决策质量，进行最优决策的选择，提高企业经济效益。

二、示例解析：为鱼店制定降本增效的决策

以“鱼店业务部门费用”为例，管理会计可以帮助兄弟俩（代表业务部门）和老爹、老妈（代表决策层）制定科学和合理的决策。

示例背景：

“鱼店之家”业务部门的费用与本地市场上同类规模的门店相比要高出 8%。

鱼店店长老爹很头疼，不知该怎么办。

示例 2-4 解析

通常来讲，管理会计师遇到这种情况，会用专业方法做分析，找出业务部门费用高出竞争对手的原因，对症下药。

分析“鱼店之家”业务部门的费用为何如此高？

通过调研和分析得出了结论：兄弟俩的业务流程不清晰，分工不合理，导致重复劳动，造成了浪费。

于是，三姐跟父母、兄弟俩沟通后，拟定了降低业务部门费用的决策，并得到了老爹和老妈的大力支持，如表 2-2 所示。

表 2-2　为“鱼店之家”制定的降低业务部门费用的决策

问题点	原因分析	改善目标	改善方向	行动方案
“鱼店之家”业务部门的费用比市场上同类规模的门店要高出 8%	兄弟俩的业务流程不清晰，分工不合理，导致重复劳动，造成了浪费	第一季度应降低鱼店业务部门费用 4%	1. 重新梳理业务流程	兄弟俩根据三姐的建议，重新梳理业务流程，由三姐进行审核。确定流程后，三姐对兄弟俩进行培训
			2. 明确兄弟俩的职责分工	三姐梳理兄弟俩的职责，对其进行岗位操作培训
			3. 为兄弟俩制订绩效考核标准	二姐对兄弟俩的完成情况进行审计、监督，定期向老爹和老妈汇报，并提出整改建议

从表 2-2 中可以看出，管理会计决策包含的要素有：兄弟俩的改善目标是什么，怎么改善，由谁采取行动，由谁报告改善情况，由谁监督改善的情况等。非常严谨且系统，从问题点到改善目标再到行动方案，是一个完整的 PDCA 循环[㊀]。

三、管理会计决策，给企业带来的四大好处

通过示例 2-4 可以看出，管理会计决策对企业调整战略方向，提高执行力，优化利润结构，纠正行动偏差和控制风险是多么的重要，如图 2-14 所示。

㊀ PDCA 循环：是将质量管理分为四个阶段，即 Plan（计划）、Do（执行）、Check（检查）和 Act（处理）。全面质量管理的思想基础和方法依据就是 PDCA 循环。这一工作方法是质量管理的基本方法，也是企业管理各项工作的一般规律。

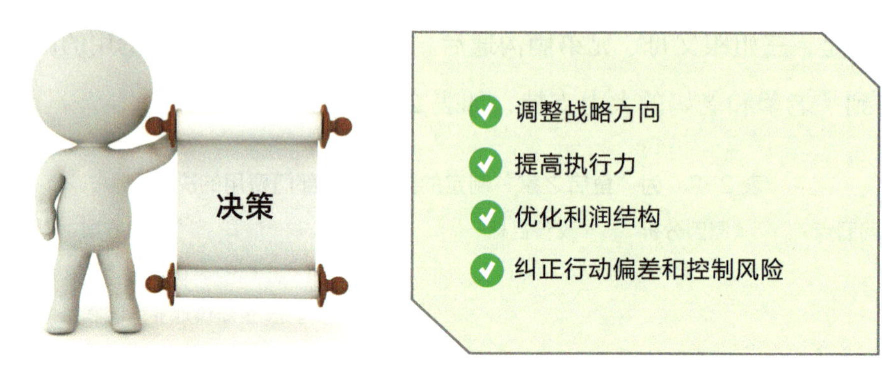

图 2-14　管理会计决策给企业带来的四大好处

第六节　规划鱼店的开源和节流

一、管理会计如何发挥“规划”作用

管理会计以规划经营活动为目标。

规划与决策可以保证企业的各项资源（人、财、物）得到合理和有效的运用，避免浪费，减少损失，以使企业获得最大的经济效益。

二、示例解析：绘制鱼店开源节流规划蓝图

以“鱼店开源节流”为例，管理会计可以帮助“鱼店之家”的老爹（代表董事会和高管层），以及老妈（代表生产部门）和兄弟俩（代表业务部门）规划鱼店的开源和节流活动。

示例背景：

“鱼店之家”开业以来，一直处于微利状态。

为此，鱼店店长老爹一直很郁闷，希望鱼店能够增加收入和利润，活得更好。

示例 2-5 解析 

图 2-15 展示了如何用管理会计思维，帮助“鱼店之家”制定年度开源和节流规划。规划分成两条线：开源线和节流线。

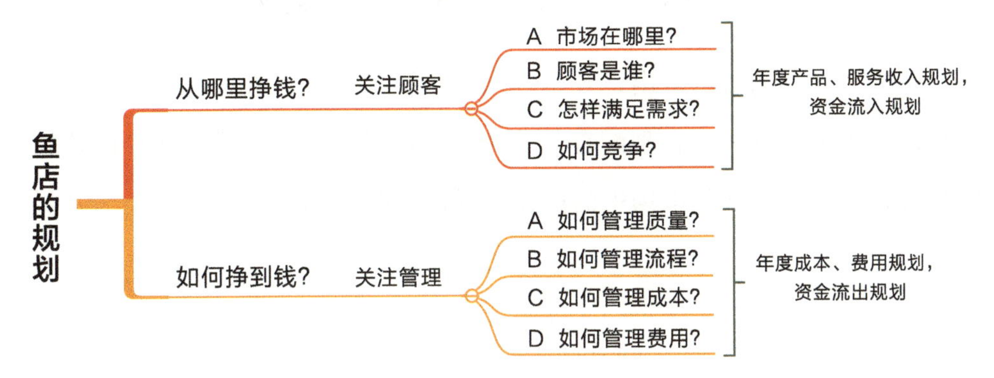

图 2-15　“鱼店之家”年度开源和节流规划（©邹志英）

第一条线：开源线

开源线讲的是“鱼店之家”从哪里挣钱。要想挣钱，就需要密切关注顾客。

从图 2–15 中可以看出，“鱼店之家”要想增加收入，就要始终围绕着市场、顾客规划布局，做预算，展开行动。

然后，再在管理会计师的帮助下，形成“鱼店之家”的年度开源规划、年度收入预算、资金流入计划。

第二条线：节流线

节流线讲的是“鱼店之家”如何挣到钱。要想挣钱，就需要做好管理。

从图 2–15 中可以看出，“鱼店之家”要想有效控制成本和费用，就要始终围绕着管理和风险规划布局，做预算，展开行动。

然后，再在管理会计师的帮助下，形成“鱼店之家”的年度节流规划、年度费用预算、资金流出计划。

三、管理会计规划，给企业带来的两大好处

通过示例 2–5 可以看出，凡事预则立，不预则废。管理会计规划，不仅可以让企业用好钱、合理配置各项资源，还可以让企业钱生钱，提升战略地位，帮助企业找到市场中的最佳位置，如图 2–16 所示。

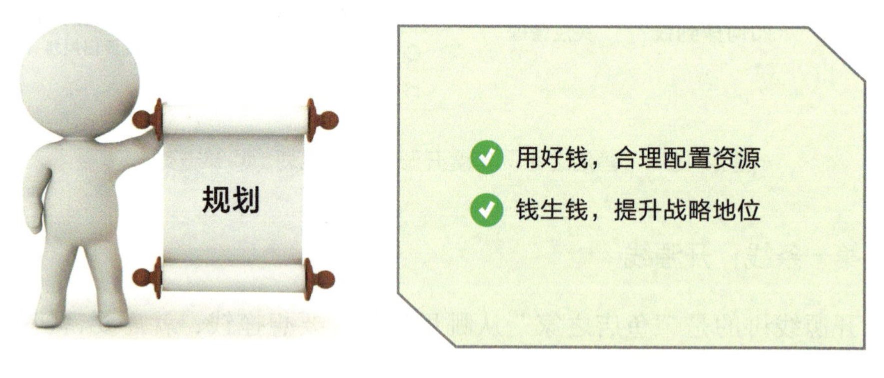

图 2–16 管理会计规划给企业带来的两大好处

第七节　控制鱼店生产质量风险

一、管理会计如何发挥“控制”作用

管理会计以控制经济活动过程为关键，通过有效控制，降低战略、经营、管理和决策的风险。

二、示例解析：如何在不增加成本的前提下控制产品质量风险

示例背景：

“鱼店之家”近期销量下降，管理会计分析其背后的原因，其中之一跟产品有关，所以保障产品质量、控制产品风险是鱼店考虑的首要因素。

示例 2-6 解析

以“鱼店产品”为例，管理会计可以帮助老妈（代表生产部门）有效控制鱼产品的生产质量风险，如图 2-17 所示。

- 控制鱼产品的生产质量
- 制定清晰的流程，从清洁、加工、包装、储存到运输，全链条的控制流程
- 明确流程上每个关键节点的负责人，以及他们的角色、职责及作业标准

图 2-17　管理会计可以有效控制鱼产品的生产质量风险（©邹志英）

通常来讲，业务部门是防范本部门风险的第一责任人，管理会计会给业务部门提供思路、方法论和工具，为业务部门出谋划策，从“控制什么、怎样控制和由谁控制”三个角度来制定风险防范措施。

1. 控制什么?

“控制什么”需要与“鱼店之家”的目标、店长老爹的痛点、鱼产品生产部门的目标和痛点进行关联。

目前，“鱼店之家”的目标是扩大销售规模，提升其在本地市场的知名度。而拓宽“鱼店之家”在外地市场的销路，鱼产品的质量是成功的制胜因素。因此，需要将“鱼产品的质量”作为首要的控制目标。

2. 怎样控制?

要想做好“控制”，就必须制定清晰的流程和标准。

从钓鱼那一刻开始到产品卖给顾客为止，中间所有跟鱼产品质量相关的环节，都需要纳入风险管理范畴。

因此，从鱼的清洁、加工、包装、储存到运输，整个链条都需要制定清晰的流程和制度，建立问责制，并实行严格的奖惩机制。

3. 由谁控制?

“由谁控制”需要跟“怎样控制”进行关联。

因此，需要考虑从鱼的清洁、加工、包装、储存到运输，全链条上每个关键节点的负责人是谁，以及他们的角色、职责及作业标准，还要对相关人员进行必要的培训。只有这样细致地控制，才能最终交付合格的产品，赢得顾客的好评和忠诚度，“鱼店之家”的生意才会越做越大。

三、管理会计控制，给企业带来的四大好处

通过示例 2-6 可以看出，管理会计风险控制对提升企业产品质量、管理质量的重要性。

对于任何一家企业而言，产品质量都是企业的生命线，都是满足顾客基本需求、提升顾客满意度和忠诚度的关键。

所以，通过管理会计实施有效控制，可以从根源上提升企业的核心竞争力，为企业赢得永续发展，如图 2-18 所示。

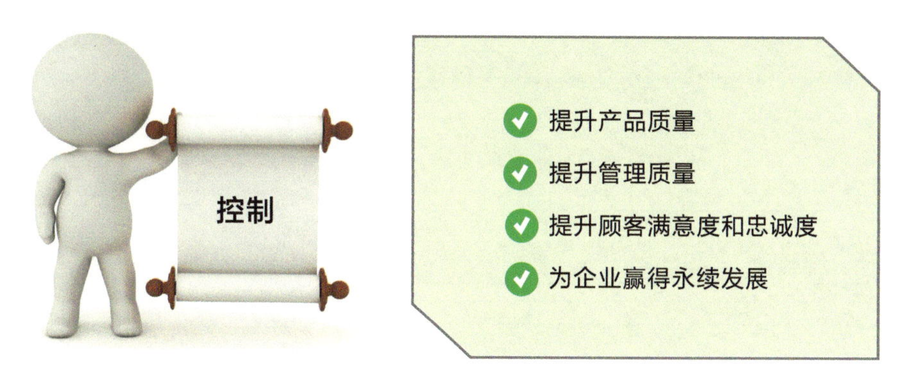

图 2-18　管理会计控制给企业带来的四大好处

第三章

管理会计是会计，还是管理

内容概要

本章以“1 页纸”思维导图开篇，运用创新型管理会计多视角思维，真实再现了微信群里针对“管理会计不是会计”的唇枪舌战，穿插了 4 个示例、14 张图和 4 张表，揭秘了如何走出管理会计的四大认知误区，图文并茂且生动趣味地阐述了以下 4 件事：

1. 企业管理者对“管理会计是不是会计”的真实看法；

2. “鱼店之家”遇见管理会计前后的变化；

3. 如何用管理会计做好小生意中的大盘算；

4. 当“鱼店之家”销量下滑时，不同部门的管理者应如何做好各自的决策。

第三章 管理会计是会计，还是管理

故事引文——
从管理会计的边界说起

第一节
高手的较量，谁更胜一筹

一、“中国管理会计交流群”简介

二、由“管理会计是不是会计”引发的唇枪舌战

三、管理会计是会计、管理，还是职业

第二节
“鱼店之家”对管理会计的四大看法

从“鱼店之家”的六大忧愁说起

第三节
3个示例，助你走出管理会计四大认知误区

误区1：管理会计=传统会计，对企业运营帮助不大

误区2：管理会计是财务的事，跟业务部门关联不大

误区3：只有大公司才需要管理会计，小公司用不上

误区4：管理会计是赚钱的，财务会计用处不大

志英观点

管理会计是无边界的，企业若想提质、增效、塑品牌，运用数字化进行转型升级，就要从提升管理会计的应用水平入手，让管理会计成为企业经营管理的通用语言。

故事引文

从管理会计的边界说起

请问：你认为管理会计是（　　）？

A. 会计

B. 管理科学

C. 职业

D. 工具

E. 信息系统

F. 思想

在第二晚讲座开始前，“鱼店之家”店长老爹清了清嗓子说道：“各位家人，晚上好，咱们鱼店自创立以来，虽然生意没亏本，但一直处于养家糊口的状态。古话说得好，人无远虑，必有近忧。”

“昨晚，大伙已经听了一堂生动、成功的管理会计实战课程，也解决了我最近两年多的忧愁和痛点。可见，管理会计真是一个宝啊，它能解决咱们鱼店赚钱的难题。”

“科技在不断进步，时代在快速发展，咱们鱼店也要跟上时代发展的潮流，用现代先进的管理理念，把咱们鱼店生意做大，成立一家控股公司，听一听上市的钟声。今天晚上，咱们要继续好好听课。”

这时大姐（财务会计主管）抢着说：“管理会计再厉害，它也是会计啊。教科书上说，财务会计和管理会计都有同一个‘祖师爷’，管理会计再厉害，跟我们财务会计也是有渊源的。”（如图 3–1 所示）

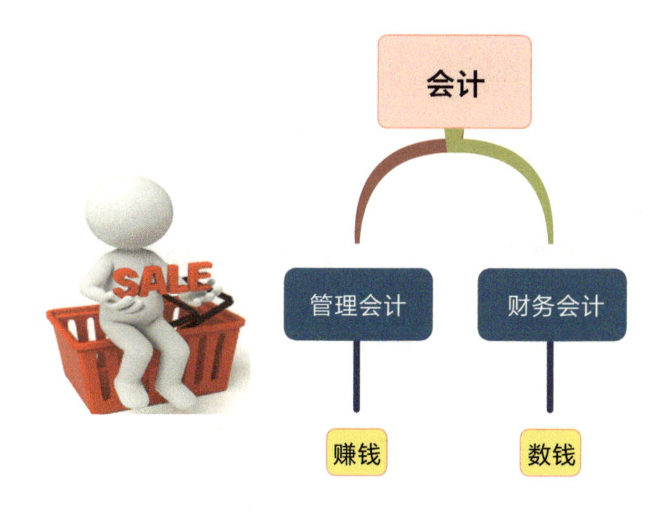

图 3-1　管理会计与财务会计的渊源

三姐（管理会计师）笑了笑说道：“大姐莫要急，管理会计再重要，也不会抹杀财务会计的功劳。”

“管理会计究竟是会计，还是管理？咱们先来看一下曾经在微信群里大家七嘴八舌的热议吧！”

第一节　高手的较量，谁更胜一筹

一、“中国管理会计交流群”简介

“中国管理会计交流群”是国内一个非常高端且活跃的微信群，有500位群友。群友中男性居多，由4类人组成，如图3-2所示。

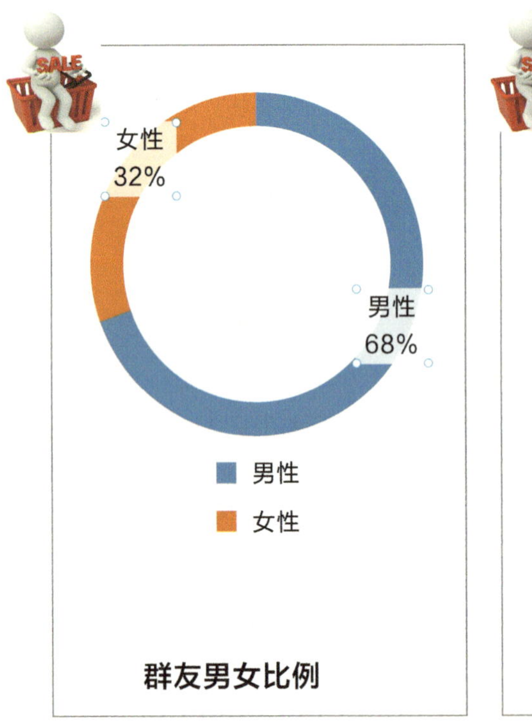

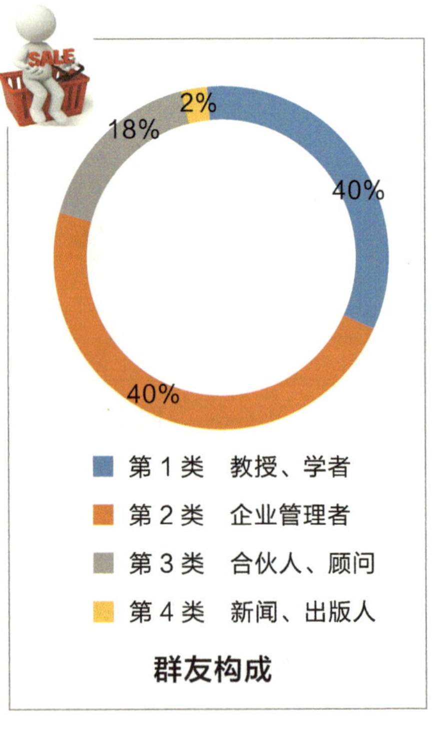

图 3-2　“中国管理会计交流群”群友概览

■ 第1类：来自院校；比如，全国各地知名院校的教授、学者。

- 第 2 类：来自企事业单位；比如，国内外知名大企业的总裁、CFO 及副总裁。
- 第 3 类：来自第三方中介机构；比如，知名会计师事务所、律师事务所合伙人，咨询公司合伙人及顾问，培训机构讲师。
- 第 4 类：来自出版社及媒体的资深人士。

二、由“管理会计是不是会计”引发的唇枪舌战

管理会计是现代企业管理中最重要的管理控制方法和手段，已经历了上百年的发展演化，为中外企事业单位的战略规划、业绩增长、经营效率、管理水平的提升，发挥了巨大的价值创造和价值提升的作用。

然而这些年，在如何看待“管理会计是什么”上的争论，一直没有停止过。大家在基本认识上存在较大偏差，甚至很多企业的业务经理们还认为管理会计 = 传统会计。这种认知与管理会计进入中国的时间较晚、会计在国内企业中的地位不高、传统财务工作者履行的“数豆先生”的角色和职责有关。

示例背景：

2019 年 9 月 30 日，微信群里发生了激烈争吵，争吵的焦点是“管理会计是不是会计”。

大家各抒己见，吵得不可开交，从下午 2 点钟一直辩论到晚上 6 点钟。群友们异常活跃，唇枪舌剑，引经据典，好不热闹。

笔者节选了部分聊天记录，供大家参考，如图 3-3 所示。

什么是管理会计？管理会计不是会计，它是有效发现企业管理漏洞、分析原因、规划资源、提高效益和支持决策的一门管理科学。

有一点不同意，管理会计不是传统会计，但还是会计的重要组成部分，管理会计是会计的分支。

我个人不认同“管理会计是会计的分支”，欢迎有空时多讨论。

无论管理会计如何定义，在国内的经济环境和企业环境中，如果把管理会计放在企业的财务部门去落地，那是“硬着陆”，会散架的。

放在财务部门去落地未必不会成功，如果一把手足够重视，参与度很高，给予财务部门很大的权力，尤其是考核评价的权力，加上财务部门能够找到正确的切入点和应用路径，还是会成功的。此外，通过成功实践管理会计，会颠覆企业管理层对传统财务部门的看法，财务部门会变成创造价值和提升价值的能力部门。

我不反对管理会计落在财务部门去推行，但个人不赞同。在推行时，应强调“管理会计是会计的分支”。

我的理由是管理会计在企业实操中遇到的挑战，就跟当年全面预算遇到的问题是一样的，多数企业的业务部门认为预算编制是财务部门的事。业务部门的参与度很低，导致预算目标不可执行，变成了数字游戏。

我担心的是，如果单纯地强调管理会计是会计的分支，没有将其列为所有管理者必学的课程和必备的能力，那么会把管理会计的应用局限在财务和会计领域。因为在实操中，业务部门会认为管理会计就是会计部门的专属工作，自己不用学习管理会计，也不用配合管理会计体系的建设；而大部分企业的财务同仁既不了解业务，也没有掌握管理会计的知识和思维，更缺乏管理会计的实践经验，毕竟管理会计引入中国的时间也不是太长。财务部门如何提供支持业务决策的有效信息？如何提出提升业务结果的有效建议？“业财融合”就变成了空谈，管理会计就会变成无源之水、无本之木。

管理会计不是会计？那管理会计与会计是什么关系？大家认为管理会计应该如何科学准确地进行定义。顺便问一下，白马是不是马？

图 3-3　微信群里“管理会计是不是会计”聊天记录（1）

指鹿为马！茴香豆的“茴”字有不同的写法！

“蜗牛”虽然有个“牛”字，但不是牛！

管理会计是会计的重要分支，主要服务于单位（包括企业和行政事业单位）内部管理需要，通过利用相关信息并有机融合财务与业务活动，在单位规划、决策、控制和评价等方面发挥重要作用。

可以有多种定义，关键是怎么做好。

管理会计仅仅是知识体系和技术方法吗？管理会计的应用和创新在国内“学界热、业界冷”的格局，没有根本的变化，是其知识体系和技术方法不易被我们掌握吗？而被称为通用商业语言的会计，其国际趋同的进程，似乎没有遇到太大的障碍。既然管理会计是会计，两者为啥有如此不同的境遇呢？

IMA（美国管理会计师协会）的最新定义是：管理会计是一种职业，参与管理决策、制订计划和绩效管理系统，提供财务报告和控制，以帮助管理者制定和实施组织战略。IMA 对管理会计的定义变得广泛了，称其是一种职业，不仅停留在会计层面，还包括更多的管理层面。

管理会计（Management Accounting，MA）的英文名称起得很不好，很多外资企业非财务专业出身的中高层业务管理者，都已经变成了管理会计高手，把管理会计运用得非常好。IMA 很多全球董事在各自的企业里做的都是管理岗位的工作，有做研发管理的，有做销售推广的，也有做技术管理的，他们所在的企业都很重视管理会计，这些人也都系统学习过管理会计的知识。

“MA”这个名字非常好！几乎每个人出生后，说出的第一句话就是“MA”！

很多的中国管理会计，由于对公司业务和市场了解有限，导致管理会计没有发挥出它应有的作用，对公司业绩提升有限，所以领导不重视。他们动不动就是你这样不符合财务制度，国家政策就是这么要求的，有问题了我不管。

图 3-3　微信群里“管理会计是不是会计”聊天记录（2）

这样的人做的工作，根本不是管理会计的工作啊。管理会计是不是会计先不论，但管理会计的角色，肯定跟财务会计的角色不一样。

你举的例子正是我要说的观点。会计在中国企业中的地位本来就不高，它给多数人留下的印象就是“数豆先生”，古板、不苟言笑、难沟通，虽然看起来专业，但对战略、运营、业务帮助不大。这样说，并不代表会计工作不重要，而是说会计本来就不受企业高管和业务主管重视。在实务中，将管理会计作为会计的分支，在企业里做推广和宣传，效果会怎么样呢？

人的印象是最难改变的，将管理会计划入会计专业里，就代表着只有会计人士才会去学，而会计人士在企业中的地位和话语权很弱，这会极大地限制管理会计的应用和发展。我一直都主张，将管理会计列入管理学科，列入所有工商管理人士必学的课程之中。政府相关部门也应该给所有的企业管理者（从基层到高层）进行管理会计的知识普及和推广，而不应该仅限于在财务领域里普及和推广。

拿全面预算举例，全面预算若想发挥指导经营和为企业开源节流的作用，就必须是企业一把手工程，各个业务部门都应该学习和掌握它的知识点和操作技能，如果只有财务人士学习，只有财务部门应用，那不变成财务预算了吗？

管理会计要想在企业落地，必须紧抓“战略、业务、财务、人力”四位一体，否则很难落地。管理会计如果不能在企业落地，也不能为企业所用，脱离实务谈它的定义有意义吗？这是我接触很多企业后，它们的高管反馈给我的信息，也包括财务高管。

我曾让不同企业的业务部门给财务部门画像，共性特征有5个：①抠门；②哭穷；③老加班；④喜欢说“NO”；⑤似乎专业，但说话经常听不懂，感觉财务做的工作跟业务经营关联不大。大家想过这是为什么吗？

所有管理职能均以管理会计为基础，管理会计是所有管理岗位都需要具备的知识。会计人员要胜任管理会计工作，除具备财务与管理会计知识外，还必须具备生产、经营、组织管理、决策等方面的知识。这就是我们看到的组织管理一体化趋势，我们常称之为“业财融合”。但这并不是否认管理会计的客观存在。

在现实中，我们不能忽略这个事实，大多数财务会计人士都受“有借必有贷，借贷必平衡”的思想所害，“无法跳出财务看财务”，所以结果就是“无法跳出财务做财务”。还有很多财务管理者或者会计从业者，虽然考了管理会计师证书，甚至拿了高分，但却迟迟胜任不了管理会计的工作，这说明了什么？如果大家只是停留在管理会计的理论和概念上，而不是从企业的实际出发考虑问题，毫无意义。

图3-3 微信群里“管理会计是不是会计”聊天记录（3）

您说的问题很有代表性，不要只同财会人员谈管理会计，管理会计无处不在、无所不谈。

对于企业高层管理者来说，管理会计是不是会计，管理会计跟财务会计有什么区别，他们根本不关心。对于企业高层领导来说，哪个部门能创造价值、带来绩效才是关键。无论管理会计的知识体系多么完善，无论管理会计师证书多么有含金量，能引起高层重视和尊重的只有"实际效果"。也就是说，管理会计能给业务部门带来哪些好处、解决哪些痛点、改善哪些结果，这才是"业财融合"的支撑点。若管理会计不能成功嫁接业务，它在企业将寸步难行。如果要想成功嫁接业务，就需要企业不同部门的管理者都具备管理会计的思维和常识，将管理会计上升为公司战略，把它变成公司管理者通用的语言，变成一种常识和文化。

图 3-3　微信群里"管理会计是不是会计"聊天记录（4）

三、管理会计是会计、管理，还是职业

1. 一张图，秀出群友交战的 3 种声音

从群友的激烈交锋中可以看出，微信群友们对"管理会计是不是会计"有着不同看法，归纳起来，一共有 3 种声音，如图 3-4 所示。

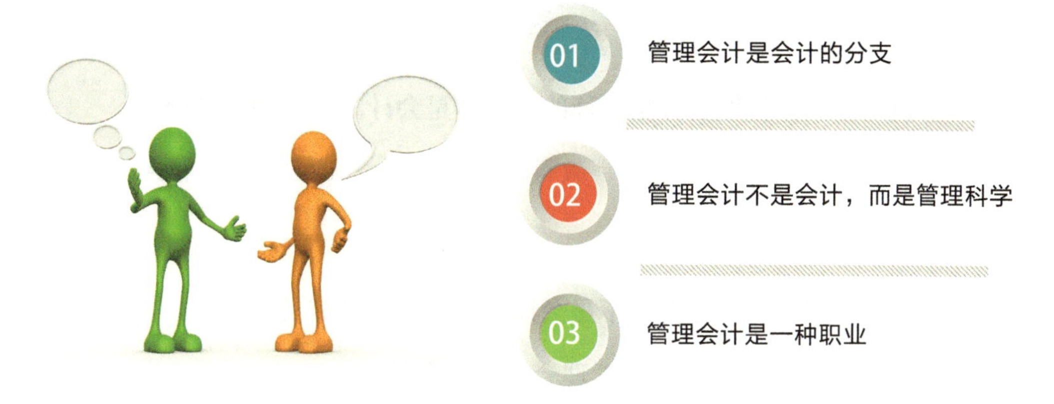

图 3-4　微信辩论中群友交战的 3 种声音

第1种声音：管理会计是会计的分支

第1种声音认为：

管理会计是会计的重要分支，主要服务于单位内部管理需要，以服务"管理者"为根本。运用管理会计的工具方法，可以为单位的规划、决策、控制、评价等活动提供有用信息，提升内部管理水平，增强企业价值创造力。

持这种声音的群友坚持两大价值主张，如图3-5所示。

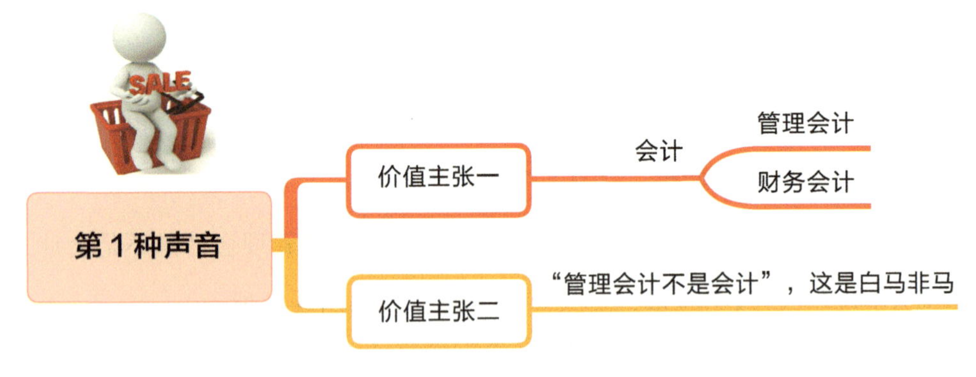

图3-5　第1种声音的价值主张

价值主张一：管理会计是会计的分支，是会计的重要组成部分

教科书对此有明确的定义，教科书代表权威，无须讨论、争执，更不该去质疑。

价值主张二："管理会计不是会计"，这是白马非马

原因是白马也是马（意指管理会计也是会计）。

持这种观点的群友多数以教授、学者为主，还有一部分企业管理者。

第 2 种声音：管理会计不是会计，而是管理科学

第 2 种声音认为：

管理会计不是会计，它是有效发现企业管理漏洞、分析原因、规划资源、提高效益、支持决策的一门管理科学。

持这种声音的群友坚持两大价值主张，如图 3-6 所示。

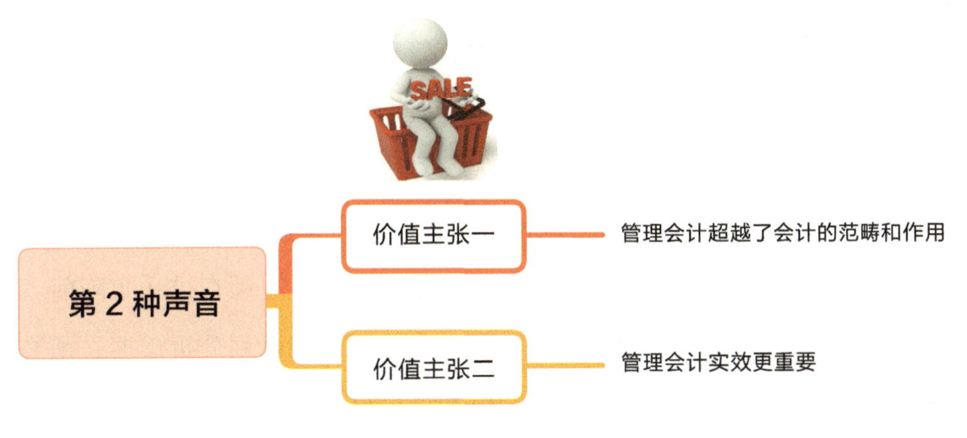

图 3-6 第 2 种声音的价值主张

价值主张一：管理会计超越了会计的范畴和作用

管理会计的使命是提升企业、部门和个人的经济贡献度，促进企业战略的实现，它虽然跟会计有关联，但却超越了会计的范畴和作用。管理会计是一门特殊的学科，有着自己本质的特征和所关心的领域。

比如，管理会计中的规划、评价、决策和控制属于战略和管理主题，不应将其局限在会计领域，更不应将其定义为会计的一个分支，而应将它列入管理学科，作为所有工商管理人士必学的课程。政府相关部门应该给企业不同层级的管理者进行管理会计知识的普及和推广，这样有利于促进企业的可持续发展。

价值主张二：管理会计实效更重要

衡量管理会计的意义在于它是否能给企业带来经济效益提升，它的实效远远大于它的概念。

只有给企业创造经济效益才有意义，是不是会计都不是那么重要。

持这种声音的人认为，只有企业管理者重视管理会计并应用管理会计，让管理会计真正帮助企业运筹帷幄，带来实打实的效益，才是学科的最终目标和存在的意义。

持这种声音的群友大多是在企业中有管理会计实操经历的管理者，包括财务管理者，还有一部分是咨询公司合伙人、顾问和讲师等。

举例来说：看过《三国演义》的人都对军师诸葛亮为刘备出谋划策、排兵布阵、指挥得当印象至深，也都清楚军师诸葛亮在蜀国的地位和价值。

军队要想取得胜利，就要制定有效的作战策略。军师在排兵布阵前，应对敌我双方各方面的情况了如指掌，只有这样才能做到分析透彻、预测准确、规划合理、决策正确、控制到位和评价得体。

管理会计在企业中的作用，相当于军队中的“军师”。如果在应用推广的过程中，只把管理会计归入会计领域，只让财务人员学习应用管理会计，将不利于它在实务中的普及、推广和应用，反而会限制它的作用发挥。就好比军师诸葛亮那样，不让他站在蜀国国家层面辅佐刘备，而是把他归入蜀国中的某个小分队，是否合适呢？诸葛亮还能充分发挥他治国理政的特殊才能吗？

第3种声音：管理会计是一种职业

持这种声音的群友认为管理会计是一种职业，理由是参照IMA管理会计公告上的定义。

IMA 公告上的定义：

管理会计是一种深度参与管理决策、制订计划与绩效管理系统、提供财务报告与控制方面的专业知识，以及帮助管理者制定并实施组织战略的职业。

持这种声音的群友基本以 CMA 管理会计师证书持有者、CMA 讲师为主。

2. 国外对“管理会计是什么”的 3 种观点

关于“管理会计是什么”除了上述介绍的 3 种声音外，在现实中，笔者还听到了很多不同的声音，如表 3-1 所示。

表 3-1　关于“管理会计是什么”的其他 3 种观点

序号	信息来源	管理会计的定义	备注
观点 1	英国皇家特许管理会计师协会（CIMA）和美国注册会计师协会 (AICPA)，在 2014 年 10 月 22 日联合发布的《全球管理会计原则》	管理会计其实是一门基于信息的学科，需要把信息作为所有决策的基础。管理会计是为组织创造价值而收集、分析、传递和使用与决策相关的财务和非财务信息的	强调管理会计以高质量的决策为中心，它将最相关的信息与分析放在显著位置，用于价值的创造和保值
观点 2	美国全美会计师协会管理会计实务委员会	管理会计向管理当局提供用于内部计划、评价、控制以及确保企业资源的合理利用和经营责任的履行所需的财务信息，是确认、计量、归集、分析、编报、解释和传递的过程。管理会计还包括编制供诸如股东、债权人、规章制定机构及税务当局等非管理集团使用的财务报表	强调既为企业管理当局服务，又为外部非管理集团服务

（续）

序号	信息来源	管理会计的定义	备注
观点3	英国成本与管理会计师协会	管理会计是对管理当局提供所需信息的那一部分会计工作，使管理当局得以：①制定方针政策；②进行计划和控制；③保护财产的安全；④向企业外部人员反映财务状况；⑤向职工反映财务状况；⑥对各个行动的备选方案做出决策	把管理会计的范围扩大到除审计以外的会计的各个组成部分

从微信群里的唇枪舌战到会计界持续多年的热议可以看出，各个国家对管理会计有着不同的定义和定位，同一国家不同人群对管理会计的定义也存在着不同的理解和解释。

由此可见，管理会计的边界较模糊。将各方信息归纳起来，一共有 6 种解读，如图 3-7 所示。

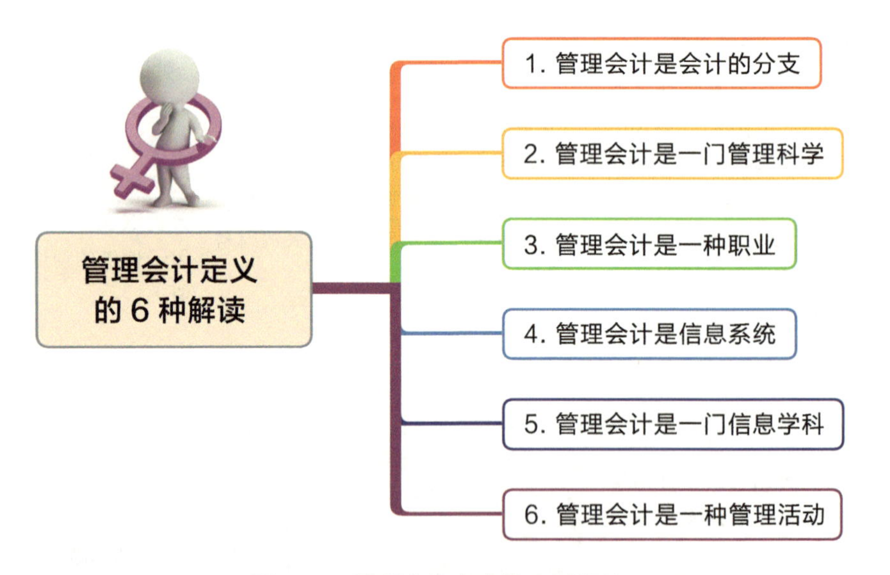

图 3-7　管理会计定义的 6 种解读

难怪有人曾评论说“管理会计是个筐，什么都往里面装”。

第二节　“鱼店之家”对管理会计的四大看法

从“鱼店之家”的六大忧愁说起

三姐花了1个小时的时间，慷慨激昂地讲述着管理会计的前世今生，把管理会计的定义从狭义到广义的发展历程，以及多年来国内外对其定义的众说纷纭已全部讲完了。

这时屋内鸦雀无声，老爹点燃了一支烟，眯着眼睛，慢慢地说道：“其实，对于我们做生意、搞经营的人来说，管理会计是什么、它是不是会计、它跟财务会计有何区别和关联，我们根本不关心，这属于学者研究的范畴。我们最关心的话题分为两个层面：

- 管理会计能给企业解决哪些问题？能为企业经营创造哪些价值？
- 在满足上述条件的前提下，企业应该做什么和怎么做？”

老妈和兄弟俩全都点头，表示认同。

老爹继续说道：“昨晚的课，为我解除了最近两年来的6大经营管理困惑，令我茅塞顿开（见图3-8）。”

“我有4点切身的学习体会，跟大家分享一下：

1. ‘管理会计是什么’不重要，重要的是它能给企业带来什么。
2. 人人面临做决策，决策做不好，会给企业带来致命风险，所以人人都要有管理会计思维。

3. 不论公司是大是小、是否上市，管理会计都能帮上忙，“鱼店之家”就是一个典型案例。

4. 财务会计数钱，管理会计赚钱，但并不代表财务会计不重要。因为管理会计分析用的很多数据都来自于财务会计系统，如果财务会计的数据和信息不全面、不准确、不细致，管理会计的决策质量就会受到很大影响。”

“所以，咱们鱼店要想做大做强，可持续发展，就要从应用管理会计开始。”

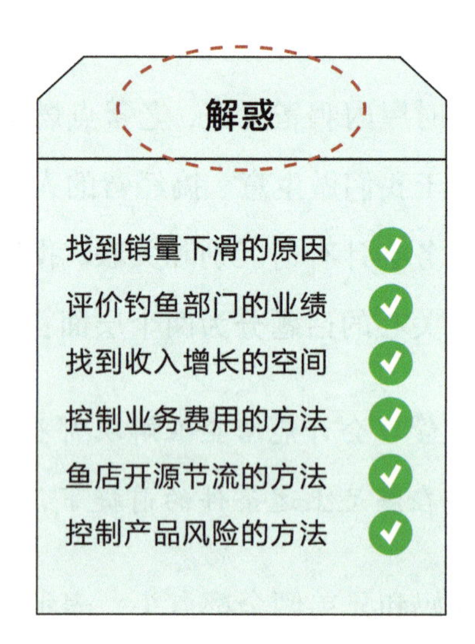

图 3-8 管理会计解除了店长老爹的六大困惑

三姐很激动，感觉老爹就是自己的知音，她说道：“管理会计是无边界的，企业若想提质、增效、塑品牌，运用数字化进行转型升级，就要从提升管理会计的应用水平入手，让管理会计成为企业经营管理的通用语言。要想做到这一点，先要走出管理会计的四大认知误区，观念决定贫富，格局决定财富。”

第三节　3个示例，助你走出管理会计四大认知误区

在企业实践管理会计时会遇到很多困难和挑战，主要原因是人们对管理会计存在认知误区。这体现在4个方面，如图3-9所示。

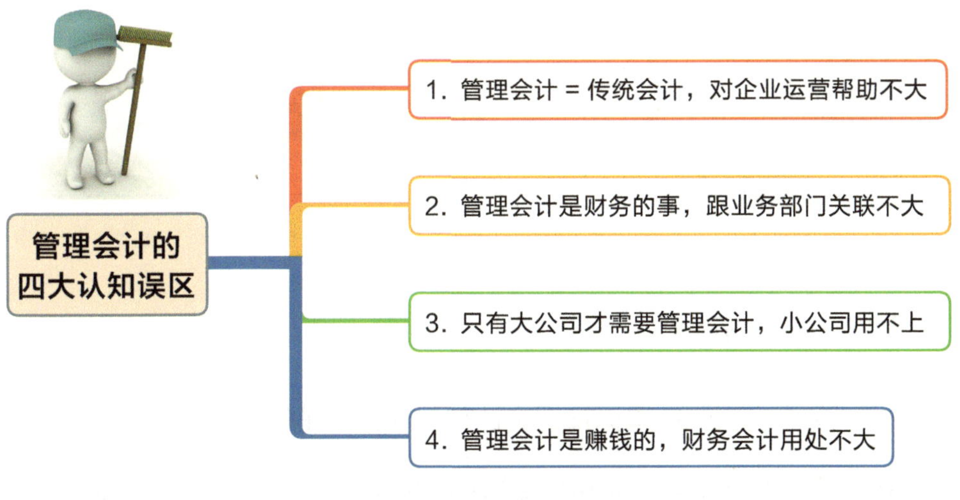

图3-9　管理会计的四大认知误区

误区1：管理会计 = 传统会计，对企业运营帮助不大

志英观点

管理会计可以为企业的战略、研发、采购、供应链、销售和管理等不同环节创造价值，提升效率，它可以帮助企业提质、增效、塑品牌，为企业赢得永续发展。

拿“鱼店之家”举例，鱼店的经营管理问题已经困惑店长老爹两年多时间了，而管理会计就像一把“万能钥匙”，一下子解除了老爹的六大忧愁，让“鱼店之家”所有成员见证了管理会计带给小鱼店的价值。

示例背景：

在“鱼店之家”遇见管理会计前有六大忧愁，却不知如何解决。

比如：

1. 销量下滑，却不知原因何在
2. 盈利不佳，却不会做规划
3. 业务费高于同行，却不知如何下降

……

示例 3-2 解析

1. “鱼店之家”在遇见管理会计前是什么样子的

在遇见管理会计前，“鱼店之家”店长老爹有六大问题和忧愁，如表 3-2 所示。

表 3-2　遇见管理会计前，“鱼店之家”的六大问题和忧愁

序号	鱼店存在的问题	店长老爹的忧愁
1	销量下滑	不知原因何在
2	业绩评价	不知如何评价业绩好坏
3	发展缓慢	不知鱼店未来的发展空间在哪里
4	业务费用	不知该如何控制
5	盈利不佳	不知该如何改善
6	产品风险	不知该如何控制产品质量风险

2. 管理会计做了什么

管理会计充分发挥了分析、评价、预测、规划、决策和控制六大作用，如表 3-3 所示。

表 3-3　管理会计做了 6 件事

序号	鱼店存在的问题	店长老爹的忧愁	管理会计做了啥
1	销量下滑	不知原因何在	精准分析
2	业绩评价	不知如何评价业绩好坏	精准评价
3	发展缓慢	不知鱼店未来的发展空间在哪里	精准预测
4	业务费用	不知该如何控制	精准决策
5	盈利不佳	不知该如何改善	开源节流规划
6	产品风险	不知该如何控制产品质量风险	精细控制

3. 管理会计带给“鱼店之家”的五大价值

管理会计做了 6 件事后，给“鱼店之家”带来了五大价值，如图 3-10 所示。

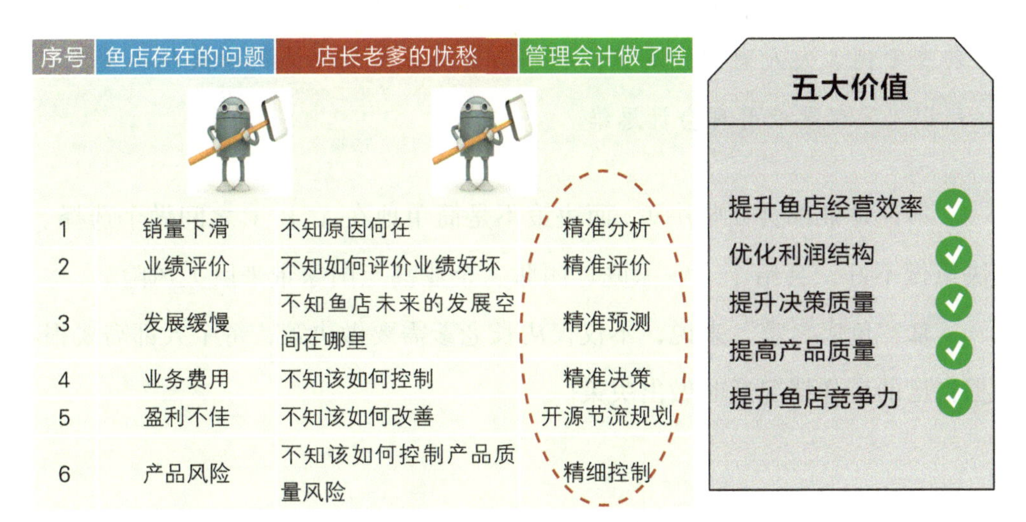

图 3-10　管理会计带给“鱼店之家”的五大价值

从企业家、创业者或管理者的角度看，管理会计的边界问题不在他们的考虑范围内，他们感兴趣的是：

（1）管理会计能否帮企业、部门创造价值、解决问题？

（2）管理会计做什么、如何做，才能为企业、部门创造价值、解决问题？

所以，企业需要充分发挥管理会计的6大作用，让管理会计成为企业经营管理的通用语言，从而扩大企业规模，提升盈利水平，从根本上提升企业的核心竞争力。

误区2：管理会计是财务的事，跟业务部门关联不大

志英观点

管理会计不只是财务的事，它跟每个人都有关联，决策制定就是典型案例。人人面临做决策，管理会计可以帮助个人做出最优决策，所以人人都要有管理会计思维。

不论是谁都会面临决策，而决策不是简单地在A、B、C之间做个选择。决策做不好，会给个人、家庭、团队、企业甚至国家带来巨大风险。

拿“鱼店之家”来说，不仅仅店长老爹需要做决策，每个人都需要根据自己的工作情况适时做出决策。

示例背景：

通过管理会计分析，“鱼店之家”找到了近期销量下滑的两个原因：

1. 产品包装不吸引人
2. 产品品类少

鱼店生产部门应该做什么？谁应该做决策？

示例 3-3 解析 

从示例 3–3 中可以看出，通过管理会计分析，“鱼店之家”找到了销量下滑的原因，那么，该轮到谁来做决策呢？

这个决策关乎企业盈利能力和核心竞争力的提升，所以应该由企业的一把手和相关责任部门的负责人共同制定。以“鱼店之家”为例，决策应该由鱼店店长、生产部门的负责人和销售部门的负责人来共同制定。

1. 鱼店店长该做什么决策

从鱼店店长老爹的角度看，他需要做的决策如图 3–11 所示。

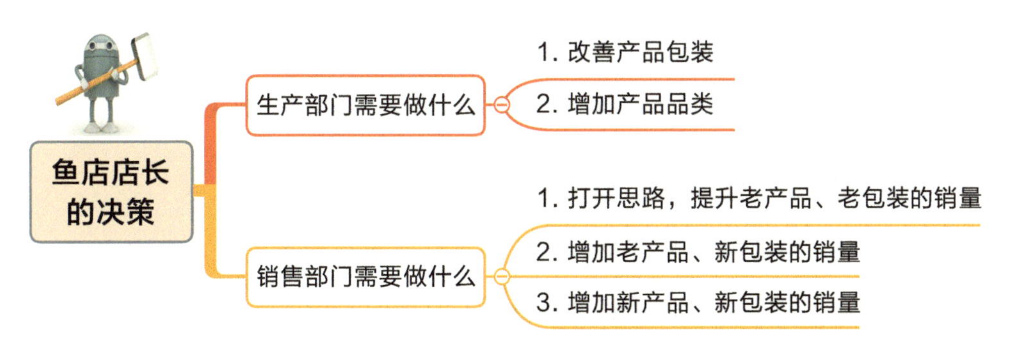

图 3-11 鱼店店长应该做的决策

从图 3-11 中可以看出，鱼店店长老爹应该做的决策如下。

（1）生产部门需要采取 2 项措施

① 改善产品包装，在规定日期内完成并汇报；

② 增加产品品类，在规定日期内完成并汇报。

（2）销售部门需要采取 3 项措施

① 打开思路，提升老产品、老包装的销量，在规定日期内完成并汇报；

② 增加老产品、新包装的销量，在规定日期内完成并汇报；

③ 增加新产品、新包装的销量，在规定日期内完成并汇报。

2. 生产部门该做什么决策

从鱼店生产部门负责人老妈的角度看，她需要做的决策如图 3-12 所示。

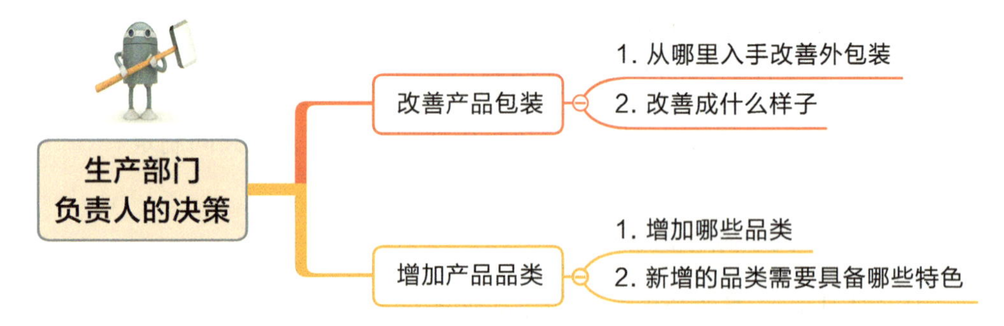

图 3-12　生产部门负责人应该做的决策

从图 3-12 中可以看出，生产部门负责人老妈应该做的决策如下。

（1）改善产品包装，需要采取 2 项措施

① 在规定日期内，从哪里入手改善外包装可以满足或超出顾客需求；

② 在规定日期内，将包装改善成什么样子可以满足或超出顾客需求。

（2）增加产品品类，需要采取 2 项措施

① 在规定日期内，增加哪些品类可以满足或超出顾客需求；

② 在规定日期内，新增的品类需要具备哪些特色可以满足或超出顾客需求。

3. 销售部门该做什么决策

从鱼店销售部门负责人老爹的角度看，老爹需要做的决策如图 3–13 所示。

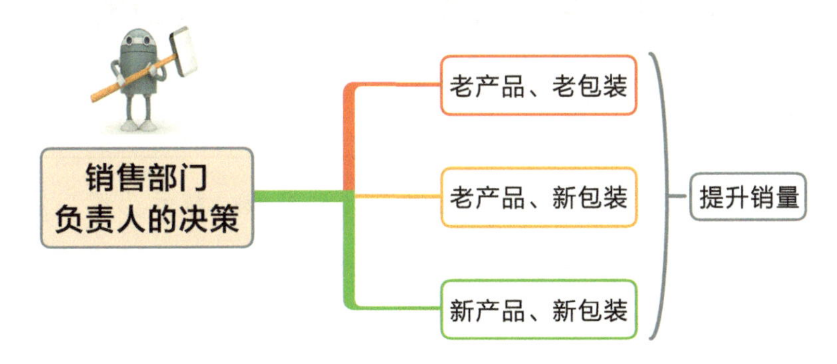

图 3–13　销售部门负责人应该做的决策

从图 3–13 中可以看出，销售部门负责人老爹需要做的决策如下：

（1）对于老产品、老包装的产品应打开思路，提升销量；

（2）对于老产品、新包装的产品应确定促销策略和销量，制定宣传策略，提升销量；

（3）对于新产品、新包装的产品应确定销售价格和销量，制定宣传策略，提升销量。

通过示例 3–3 可以看出，改善销量下滑的决策涉及 2 个部门和 3 个岗位。可见，每个人都会面临做决策。

然而在现实中，却不是每个人都会做决策，更不是每个人都会做出最优决策。管理会计是决策的好帮手，通过分析、预测、规划和控制，运用多视角思维和正向、逆向看问题的方法，可以让每个人都成为合格的决策者。

因此，管理会计不是财务的事情，它跟每个部门和每个人都有关联，人人都应该用它的思维和方法创造价值。

误区 3: 只有大公司才需要管理会计，小公司用不上

志英观点

对于大公司，管理会计可以帮助其转型升级，扭亏为盈，激活个体细胞，让员工实现自我激励；对于小公司，管理会计可以帮助其提升核心竞争力，延长寿命。

很多人会错误地认为只有大公司或者上市公司才需要用到管理会计，中小公司和非上市公司可以不用管理会计。

其实，不论公司是大是小、是否上市，管理会计都能帮上忙。“鱼店之家”就是最佳示例。

从示例 3-4 中可以看出，“鱼店之家”尚在襁褓之中，与那些中大型企业相比，规模小的可怜，但麻雀虽小五脏俱全，为了活着和活好，在小生意的大盘算中，“鱼店之家”就要用到管理会计的本量利分析、敏感性分析、动因分析、经济订货量、资金预测等方法，做好以下几件事：

示例背景：

“鱼店之家”虽小，但需要经常盘算：

1. 卖哪些产品最赚钱？

2. 销售单价定多少，最有利于销售和盈利？

3. 每月的销量最低为多少，小店才不亏本？

分析顾客购买习惯和偏好，确定哪些产品最畅销，决定“鱼店之家”卖哪些产品；

分析顾客购买能力，决定“鱼店之家”不同产品的最佳销售价格；

评价“鱼店之家”历史业绩，确定每个月的最低销量，确保不亏本经营；

分析“鱼店之家”的订货量，决定每个月不同产品的最低库存保有量；

……

那么，“鱼店之家”将如何做好小生意中的大盘算呢？如表 3-4 所示。

表 3-4　“鱼店之家”的大盘算

序号	“鱼店之家”需要盘算的问题	方法	具体做法	结论
1	卖哪些产品最赚钱	先分析顾客偏好、购买习惯，再决定卖哪些产品	管理会计师分析鱼店过去 3 年的顾客购买次数、购买数量和金额，并绘制图形，得出结论	鱼店的产品共有 3 类：鱼片、鱼软骨和鱼罐头。在这 3 类产品中，最赚钱的产品为： 鱼片✓　鱼软骨✓
2	销售单价定多少最有利于销售和盈利	分析顾客购买能力，决定销售价格	管理会计师运用管理会计工具——动因分析法和本量利分析模型①进行计算	以鱼片为例，同一包装的鱼片，根据公式计算，单价定在 25 元最有利于销售和盈利

（续）

序号	“鱼店之家”需要盘算的问题	方法	具体做法	结论
3	最低销量是多少可以保证鱼店不亏本	统计鱼店过去3年的销量、成本和利润	管理会计师运用管理会计工具——动因分析法和盈亏平衡点模型进行计算	以鱼片为例，同一包装的鱼片，根据公式计算，每月的销量不能低于2000袋，才能确保这个系列的产品不亏本
4	哪些产品畅销，需要多上架	先统计不同产品的入库单和出库单，再观察不同类型顾客的购买心理、偏好和习惯	管理会计师统计鱼店过去3年的入库单和出库单，观察不同类型顾客的具体情况，得出结论	鱼店的产品共有3类：鱼片、鱼软骨和鱼罐头。在这3类产品中，最畅销的产品为：鱼片✔
5	最佳库存保有量为多少，既利于资金周转又利于产品销售	分析鱼店不同产品的销售、库存、盈利和现金流情况，确定最佳库存保有量	管理会计师运用管理会计工具——经济订货量、动因分析法和资金预测模型进行计算	以鱼片为例，同一包装的鱼片，根据公式计算，每月的库存保有量不能低于2200袋，这样最有利于鱼店的现金流和销售

注：①本量利分析模型是根据相关产品的产销数量、销售价格、变动成本和固定成本等因素与利润之间的相互依存关系，通过分析、计量来确定企业目标利润的一种系统方法，可广泛应用于企业的预测、决策、计划、控制、激励和评价等方面。

可见，管理会计无处不在，它不仅可以在中大型企业中发挥重要的价值创造作用，而且也可以在小微企业的业务经营管理中发挥巨大作用。

误区4：管理会计是赚钱的，财务会计用处不大

志英观点

财务会计数钱，管理会计赚钱，但并不代表财务会计不重要。

财务会计数钱，管理会计赚钱，虽然两者有着本质的区别，但并不代

表财务会计不重要。两者应相互依存、相互制约，这体现在 3 个方面，如图 3-14 所示。

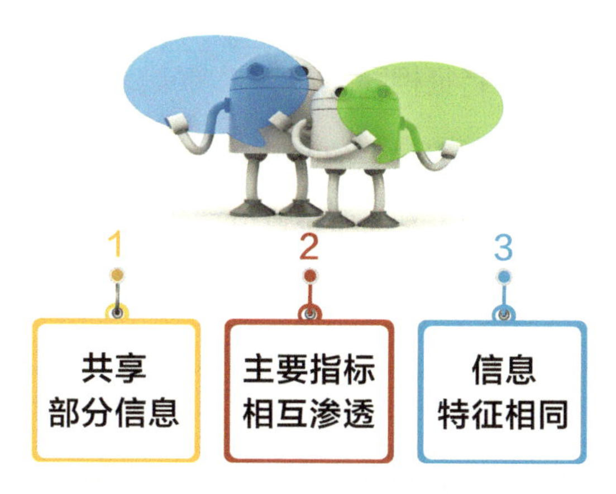

图 3-14　管理会计与财务会计的三大关联

关联 1：两者共享部分信息

信息是分析和决策的基础。

管理会计分析和决策使用的很多数据是在财务会计信息的基础上进行深加工与再利用。如果财务会计的数据和信息不全面、不准确、不细致，管理会计的分析就会变成无源之水、无本之木，决策的质量也会受到很大的影响。

管理会计的蓬勃发展也会对财务会计的质量提出更高的要求。财务会计要想进一步发展与进步，就必须充分考虑管理会计的要求，这样才能扩大信息交换处理能力和兼容能力，避免重复和浪费，也能提高财务会计信息处理的及时性和准确性。

关联 2：两者的主要指标相互渗透

财务会计提供的收入、成本、费用、利润、资金等有关指标是管理会计进行长、短期决策分析的重要依据；而管理会计所确定的经营计划又是财务会计进行日常核算的目标。两者的主要指标体系和内容是一致的。

关联 3：两者的信息特征相同

相关性和可靠性是两者对信息的共同要求。

信息是决策的基础，无论是面向企业内部的董事会、经营层和管理层，还是面向企业外部的政府部门、股东、债权人等，对所需的信息都要求具备相关性和可靠性。

三姐的管理会计讲座已经全部结束了，“鱼店之家”在三姐这位“军师”的指导下，紧锣密鼓地用管理会计的思维和方法降低业务部门费用，改善产品包装，增加品类，控制生产风险……

“鱼店之家”会有哪些新变化？下一步需要解决哪些问题？让我们一起拭目以待。

思维导图

内容概要

问题

思考

第二部分

管理会计与企业命运的关联

志英

观点

你有答案了吗？邀请你继续阅读

第四章

龙头老大就不会跌落神坛吗?

——管理会计告诉你 *S 果汁沉船真相

内容概要

本章以“1 页纸”思维导图开篇，采用体系化的管理会计应用思路，从纯实战角度，用 25 张图片呈现，以白话方式揭秘 *S 果汁从神坛跌落的真相，以及企业盈利危机、资金危机形成的原因。以图文并茂、趣味盎然和融入故事情节的方式，阐述管理会计与企业命运之间的紧密关联。

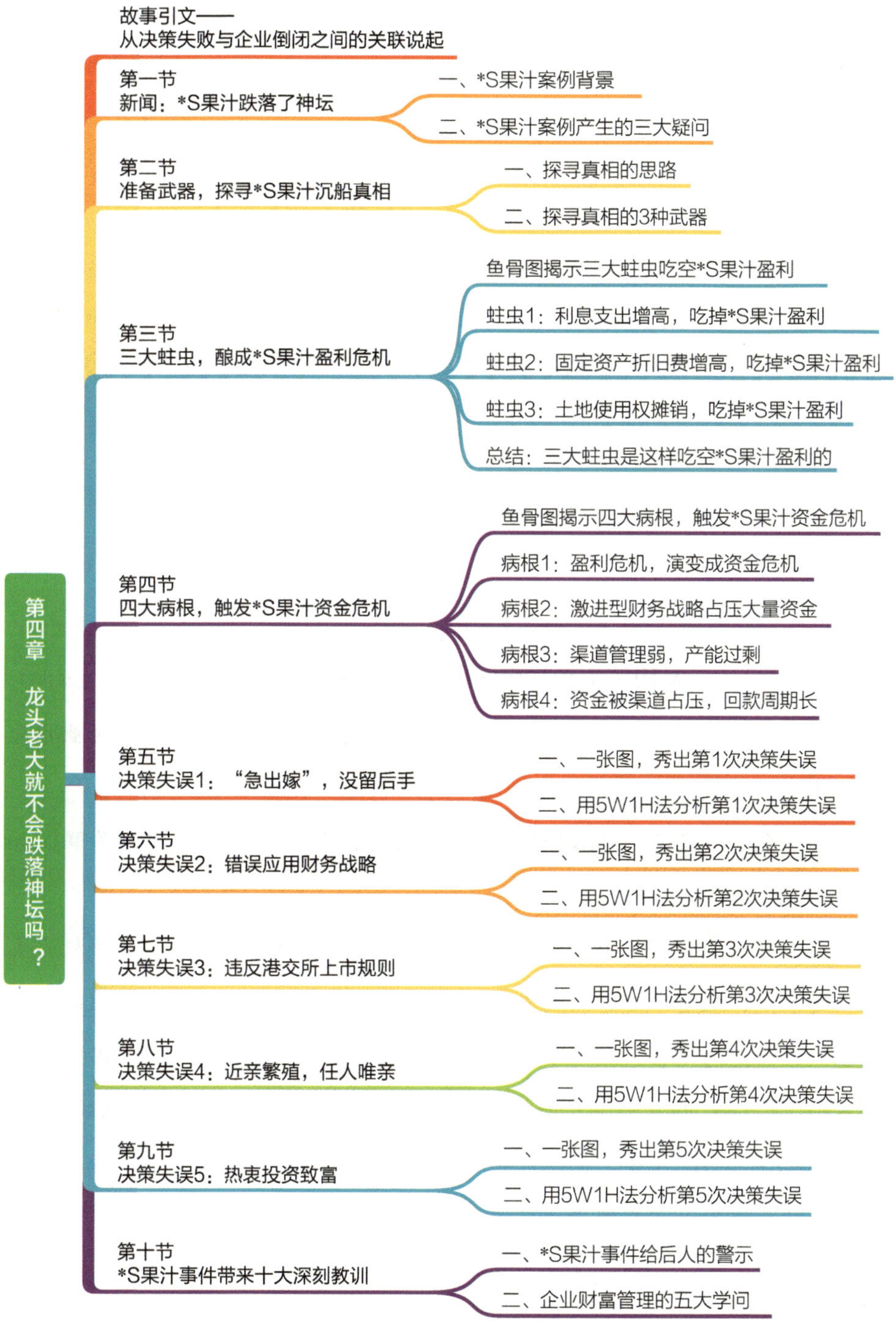

第四章 龙头老大就不会跌落神坛吗？

故事引文——
从决策失败与企业倒闭之间的关联说起

第一节
新闻：*S果汁跌落了神坛
- 一、*S果汁案例背景
- 二、*S果汁案例产生的三大疑问

第二节
准备武器，探寻*S果汁沉船真相
- 一、探寻真相的思路
- 二、探寻真相的3种武器

第三节
三大蛀虫，酿成*S果汁盈利危机
- 鱼骨图揭示三大蛀虫吃空*S果汁盈利
- 蛀虫1：利息支出增高，吃掉*S果汁盈利
- 蛀虫2：固定资产折旧费增高，吃掉*S果汁盈利
- 蛀虫3：土地使用权摊销，吃掉*S果汁盈利
- 总结：三大蛀虫是这样吃空*S果汁盈利的

第四节
四大病根，触发*S果汁资金危机
- 鱼骨图揭示四大病根，触发*S果汁资金危机
- 病根1：盈利危机，演变成资金危机
- 病根2：激进型财务战略占压大量资金
- 病根3：渠道管理弱，产能过剩
- 病根4：资金被渠道占压，回款周期长

第五节
决策失误1：“急出嫁”，没留后手
- 一、一张图，秀出第1次决策失误
- 二、用5W1H法分析第1次决策失误

第六节
决策失误2：错误应用财务战略
- 一、一张图，秀出第2次决策失误
- 二、用5W1H法分析第2次决策失误

第七节
决策失误3：违反港交所上市规则
- 一、一张图，秀出第3次决策失误
- 二、用5W1H法分析第3次决策失误

第八节
决策失误4：近亲繁殖，任人唯亲
- 一、一张图，秀出第4次决策失误
- 二、用5W1H法分析第4次决策失误

第九节
决策失误5：热衷投资致富
- 一、一张图，秀出第5次决策失误
- 二、用5W1H法分析第5次决策失误

第十节
*S果汁事件带来十大深刻教训
- 一、*S果汁事件给后人的警示
- 二、企业财富管理的五大学问

志英观点

决策做不好，会将企业带入万丈深渊。

管理会计的价值就在于帮企业权衡收益、价值和风险，抓住关键要素，剔除不利因素的干扰，运用数字化工具做出明智决策，帮助企业成功实现目标，做大做强。

故事引文

从决策失败与企业倒闭之间的关联说起

明智的决策，能让濒临破产的企业起死回生；错误的决策，会把企业推向万丈深渊。

美国兰德公司做了一份调研，关于决策失误与企业倒闭之间的关联，如图 4–1 所示。

从乔布斯曾经在苹果公司遭遇的众叛亲离到有着近 150 年历史的手机霸主诺基亚的衰落；从全球首家发明数码相机的柯达公司的消失到曾经辉煌的行业巨头暴风集团走向死亡，这一个个惨痛教训，无一不跟“决策失败”相关。

曾经“果汁界”的龙头老大——*S 果汁，从 1992 年成立以来，一直顺风顺水，而就在 2021 年 1 月 18 日，曾畅销数年的“国产饮料英雄”，正式从香港交易所退市，让人看到英雄已到垂暮之年，不禁让人叹息。

图 4-1　美国兰德公司调研企业倒闭与决策失误之间的关联

曾经的龙头老大是如何跌落神坛的呢？对此外界说法不一，很多人认为是跟“联姻 × × 可乐”被搅局有关，就连 *S 果汁的创始人 Y 也是这么认为的。真相果真如此吗？

“雪崩下，没有一片雪花是无辜的！”如果我们用管理会计的知识和方法揭开“谜团”，真相会是怎样的呢？

第一节　新闻：*S 果汁跌落了神坛

一、*S 果汁案例背景

1992 年，40 岁的山东人 Y 辞掉了自己的铁饭碗，随着下海的大潮，承接了一家三个多月没发工资、负债 1000 多万元濒临倒闭的小罐头厂。这个罐头厂就是 *S 果汁的前身。

2007 年，*S 果汁带着“民族之光”的头衔登陆港股，募资 24 亿港元，创下当时港交所 IPO 规模纪录，上市当天股价上涨 66%。创始人 Y 把一家濒临倒闭的罐头厂做到上市，创造了业内神话，并以 61.3 亿元的资产上榜当年福布斯富豪榜。

*S 果汁的高速发展吸引了很多国内外资本的“青睐”。×× 可乐提出以 12.2 港元 / 股、总价约 179.2 亿港元收购 *S 果汁所有股份。这一收购在当时被称为“天价”，因为当时 *S 果汁每股价格仅有 4.14 港元。

创始人 Y 对这桩收购满意至极。他的想法很美好：利用套现资金再立山头，转战上游农业领域，生产和销售等复杂工作交给精于此道的 ×× 可乐。

带着这份美好蓝图，*S 果汁全心全意为收购做准备，应 ×× 可乐裁撤销售渠道的要求，大幅精简销售系统，削减销售人员。2008 年年初，*S 果汁员工总数还有 9200 多人，到当年年末，只剩下不到 5000 人。其中，销售人员仅剩 1160 人。同时，*S 果汁开始加快对上游的布局，在湖北、安徽、山东等多个地区建设水果生产基地，仅两个月就投入了 20 亿元。

然而，这笔当时中国饮料界最大的“民企被外资全额收购案”闹得满城风雨，中国商务部最终依据《中华人民共和国反垄断法》叫停了这笔收购，打破了创始人 Y 为 *S 果汁构建的全新蓝图。

收购失败之后，*S 果汁的后遗症开始凸显。裁撤销售人员、压缩销售渠道、资金集中用于扩充生产线等操作带来的危机逐渐显现，*S 果汁开始走下坡路。

从 2009 年开始，*S 果汁首次亏损，并一蹶不振。2011 年—2016 年，*S 果汁连续 6 年亏损。在很长时间里，*S 果汁的利润率不足 8%，靠着出售资产和政府补贴，*S 果汁才得以维持“生计”。

2018 年 3 月，*S 果汁自爆违规贷款，再次引起了轩然大波。也正是这笔贷款，引发了 *S 果汁的退市危机。

二、*S 果汁案例产生的三大疑问

*S 果汁跌落神坛的原因，真如外界所说，跟“联姻 ×× 可乐”被搅局有关吗？从管理会计的角度来看，真相究竟是什么呢？

1. *S 果汁沉船真相究竟是什么？
2. *S 果汁的财务危机是如何发生的？
3. *S 果汁案例带来哪些深刻教训？

第二节　准备武器，探寻 *S 果汁沉船真相

*S 果汁案例的调查分析，不仅横跨十多年的发展历程，还涉及 *S 果汁所处的行业背景、经济环境、发展阶段，以及其内部的价值链分析，需要考虑的因素较多，如图 4-2 所示。

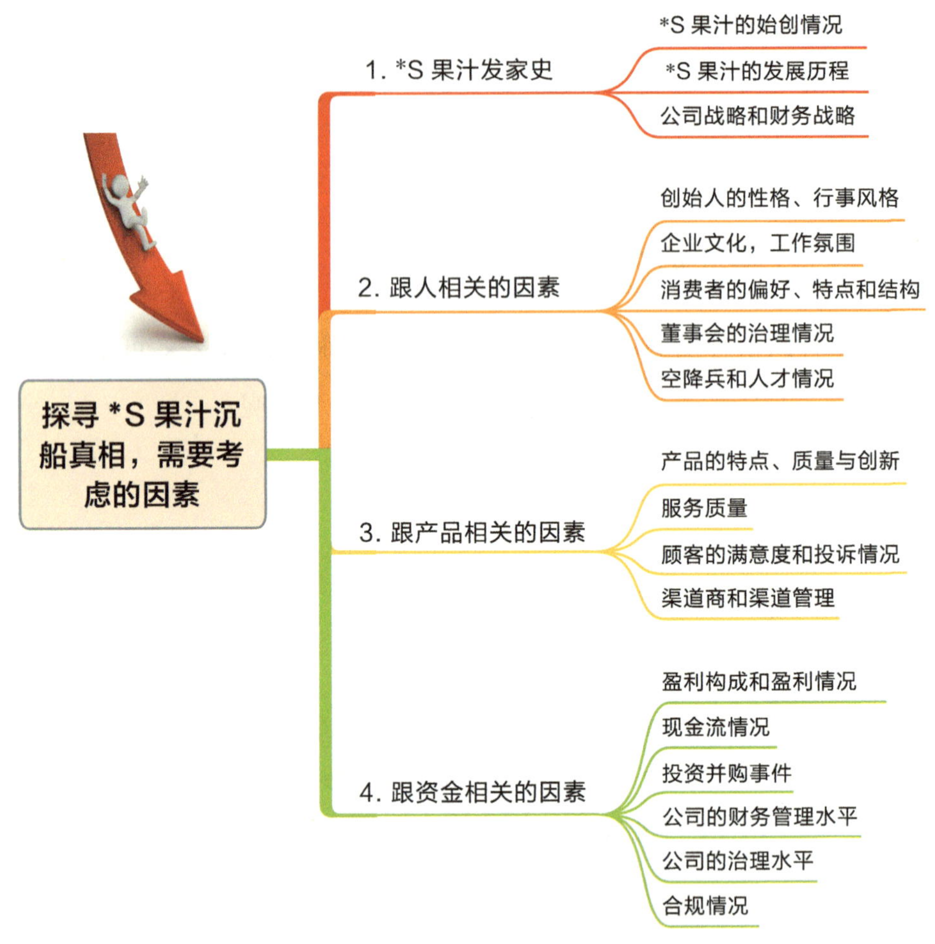

图 4-2　探寻 *S 果汁真相需要考虑的因素

一、探寻真相的思路

在探寻真相的过程中，笔者发现 *S 果汁几乎把企业能犯的所有错误都犯了一遍。而 *S 果汁的失败，绝不是偶然事件，而是必然结果。

*S 果汁从辉煌走向衰落的案例，对中国大多数企业来说是极具研究价值和借鉴意义的，它的衰败并非个案，而是很有代表性。

*S 果汁案例的分析过程和呈现方式，如图 4-3 所示。

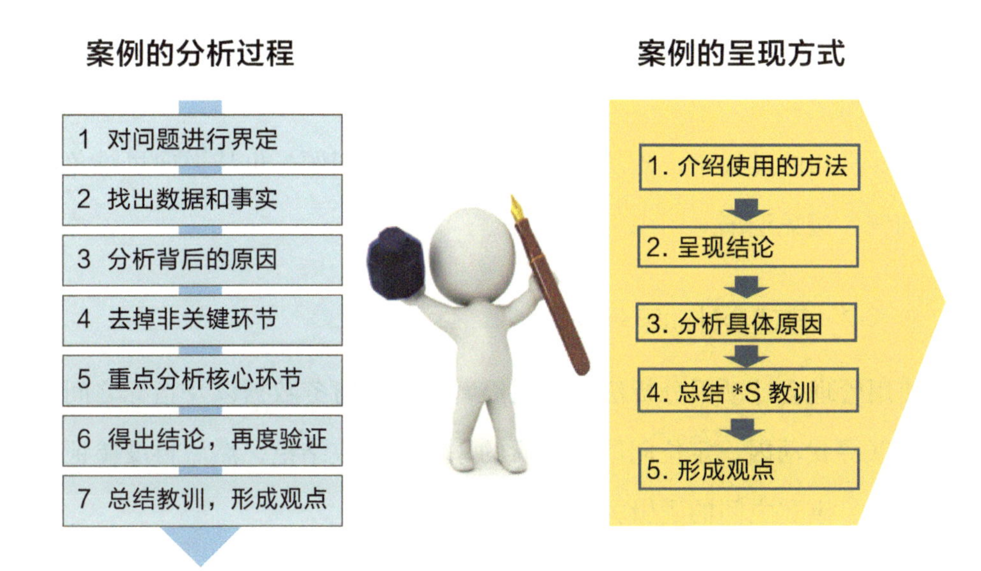

图 4-3 *S 果汁案例的分析过程和呈现方式

二、探寻真相的 3 种武器

在研究和分析“*S 果汁沉船”的真相中，共运用了 3 种武器，如图 4-4 所示。

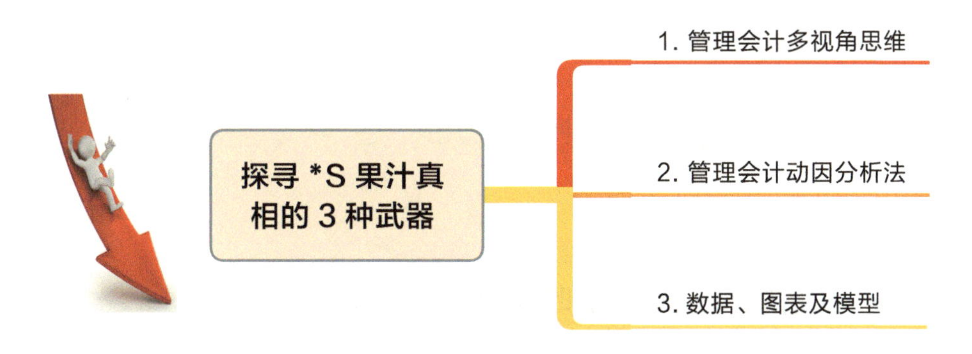

图 4-4 探寻 *S 果汁真相的 3 种武器

武器 1：管理会计多视角思维

用管理会计多视角思维全方位分析 *S 果汁的外部环境和内部价值链，避免以偏概全。

探寻真相的过程中，既从正向思维角度分析问题，也从逆向思维角度提出问题，避免遗漏。

武器 2：管理会计动因分析法

使用管理会计动因分析法，运用经营数据、财务数据以及指标之间的逻辑关联寻找动因，定位问题和背后的原因并形成结论，然后再度验证结论与数据、事实之间的逻辑关联性和合理性。

武器 3： 数据、图表及模型

数据是分析问题和解决问题最好的帮手；图表更加简单易懂；模型和工具逻辑性更强，可视化的感觉也更强烈。用“数据 + 图表 + 模型”分析原因并得出结论，将更有逻辑性和说服性。

第三节　三大蛀虫，酿成 *S 果汁盈利危机

鱼骨图揭示三大蛀虫吃空 *S 果汁盈利

通过捕捉问题，用数据图表，展开分析思考，笔者用鱼骨图，揭示 *S

果汁盈利危机形成的真正原因，如图 4-5 所示。

从图 4-5 中可以看出，三大蛀虫偷走了 *S 果汁的利润，酿成了它的盈利危机。

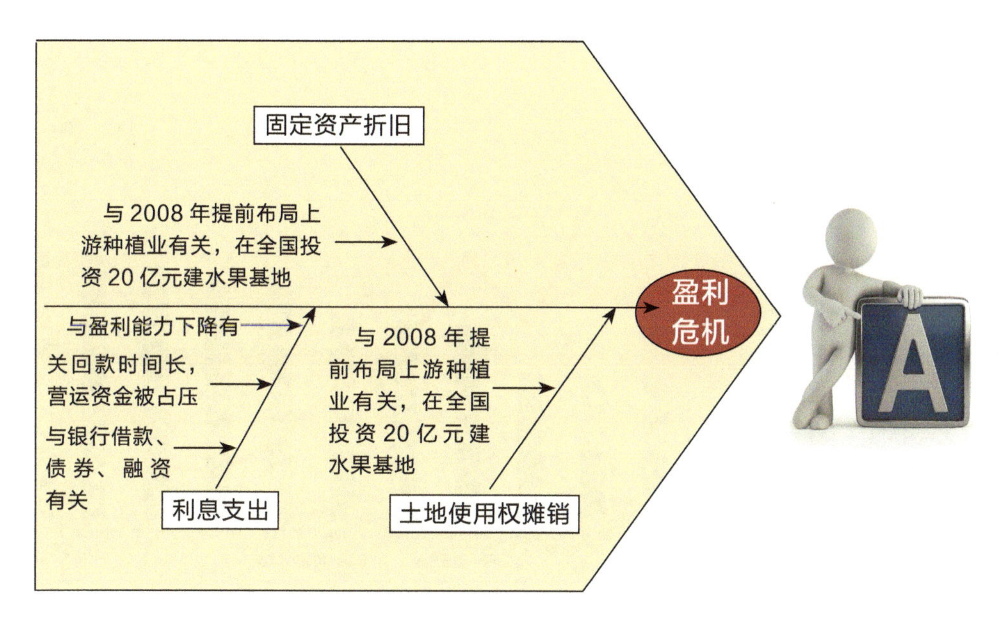

图 4-5　*S 果汁的盈利危机成因

蛀虫 1：利息支出持续增高。

蛀虫 2：固定资产折旧持续增高。

蛀虫 3：土地使用权摊销持续增高。

蛀虫 1：利息支出增高，吃掉 *S 果汁盈利

为什么说利息支出是 *S 果汁盈利的第一大蛀虫呢？

1. 理由①：8 年时间，*S 果汁收入持续增长，但净利润持续下滑

先来看一下在 2008 年至 2015 年期间，*S 果汁的营业收入和净利润

增长情况。

如图 4-6 所示，在此期间，*S 果汁的营业收入大体上一直处于上升状态，但扣非后的净利润却没有随着营业收入的增长而增长，反而处于跌落之中。

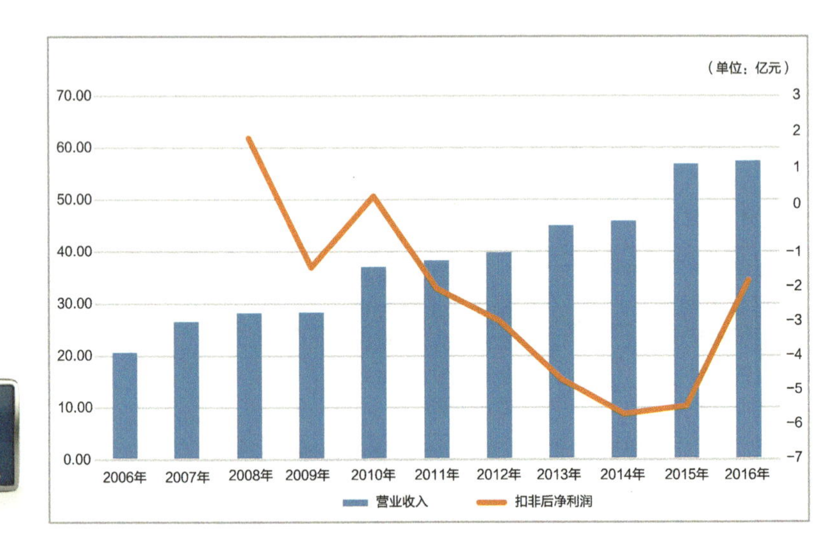

图 4-6　2006 年至 2016 年 *S 果汁的营业收入及扣非后的净利润情况

2. 理由②：8 年时间，*S 果汁利息支出持续上升

从图 4-7 中可以看出，在 2008 年至 2015 年期间，*S 果汁利息支出占营业收入的比例持续上升，尤其是从 2012 年开始，一直处在较高水平上。

*S 果汁利息支出的持续增高是因为其当年没有做好通盘考虑，没有留足后手。具体来说，在 2008 年 *S 果汁与 ×× 可乐正式联姻前，*S 果汁孤注一掷投资 20 亿元巨额资金建厂。联姻失败后，×× 可乐的资本没进来，加上 *S 果汁自身造血功能出现了问题，导致它的自有资本不充足，不得

不依靠银行贷款、债券融资等手段维持企业的生产经营。于是，*S 果汁的利息支出在随后几年出现了持续增高的现象。

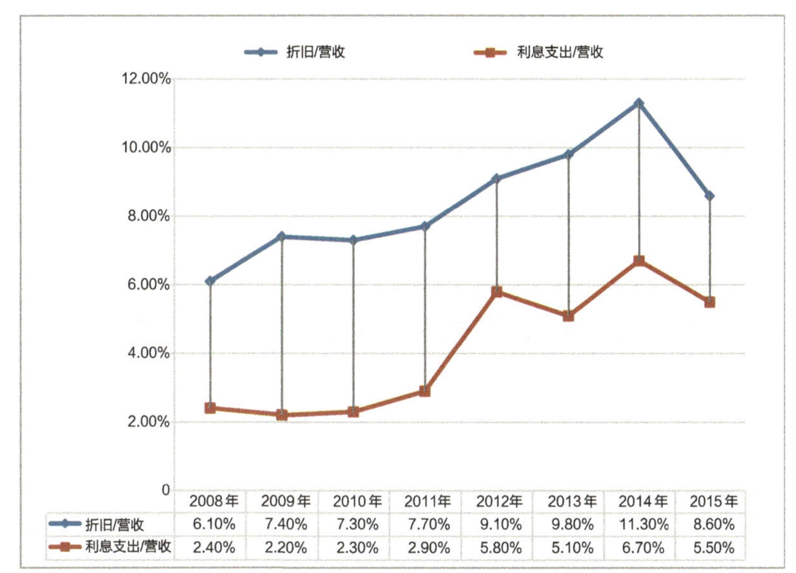

	2008年	2009年	2010年	2011年	2012年	2013年	2014年	2015年
折旧/营收	6.10%	7.40%	7.30%	7.70%	9.10%	9.80%	11.30%	8.60%
利息支出/营收	2.40%	2.20%	2.30%	2.90%	5.80%	5.10%	6.70%	5.50%

图 4-7　2008 年至 2015 年 *S 果汁折旧费及利息支出占营业收入的比例

3. 结论：利息支出增高，吃掉 *S 果汁的利润

综合以上原因可以得出结论：利息支出的持续增高，造成了 *S 果汁的净利润持续下滑。

蛀虫 2：固定资产折旧费增高，吃掉 *S 果汁盈利

为什么说固定资产折旧费是 *S 果汁盈利的第二大蛀虫呢？

1. 理由：7 年时间，*S 果汁固定资产折旧费持续升高

图 4-7 中的数据和曲线显示：在 2008 年至 2014 年期间，*S 果汁固

定资产折旧费占营业收入的比例一直处于上升趋势，直到 2015 年才有所下滑。其原因是 *S 果汁在 2008 年投资 20 亿元建厂、购买固定资产，导致后续几年的固定资产折旧费持续上升。

2. 结论：固定资产折旧费增高，摊薄 *S 果汁盈利

综合以上原因可以得出结论：固定资产折旧费的持续增高，造成了 *S 果汁的净利润持续下滑。

蛀虫 3：土地使用权摊销，吃掉 *S 果汁盈利

*S 果汁在 2008 年提早布局上游种植业，投资 20 亿元建水果基地，导致了土地使用权摊销持续增高。

总结：三大蛀虫是这样吃空 *S 果汁盈利的

三大蛀虫是如何吃空 *S 果汁盈利的，如图 4-8 所示。

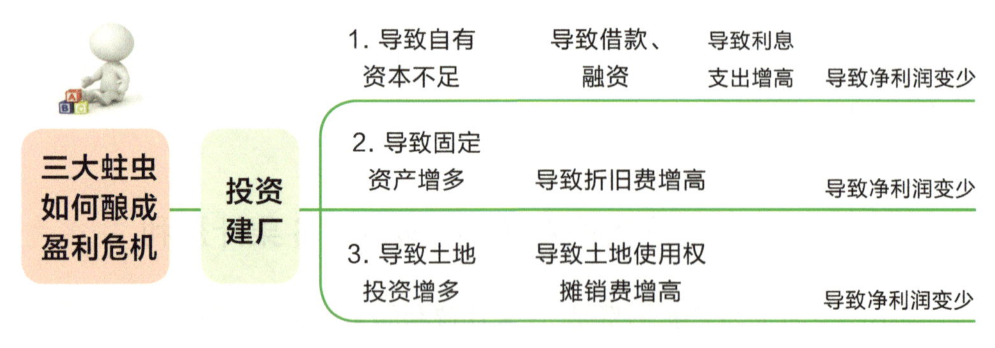

图 4-8　三大蛀虫吃空 *S 果汁利润的路径

从图 4-8 中可以看出，*S 果汁盈利下降的逻辑是这样的：

（1）由于投资建厂导致自有资本不充足，*S果汁不得不借钱维持经

营，这样利息支出就会增高，净利润会变薄。

（2）由于投资建厂导致固定资产投资增加，*S果汁每月都要计提折旧，导致折旧费增高，净利润变少。

（3）由于投资建厂导致土地投资增多，*S 果汁要摊销土地使用权，土地使用权摊销费增加，导致折旧费增高，净利润变少。

第四节　四大病根，触发 *S 果汁资金危机

鱼骨图揭示四大病根，触发 *S 果汁资金危机

通过捕捉问题，用数据图表展开分析思考，笔者用鱼骨图揭示 *S 果汁资金危机形成的真正原因，如图 4-9 所示。

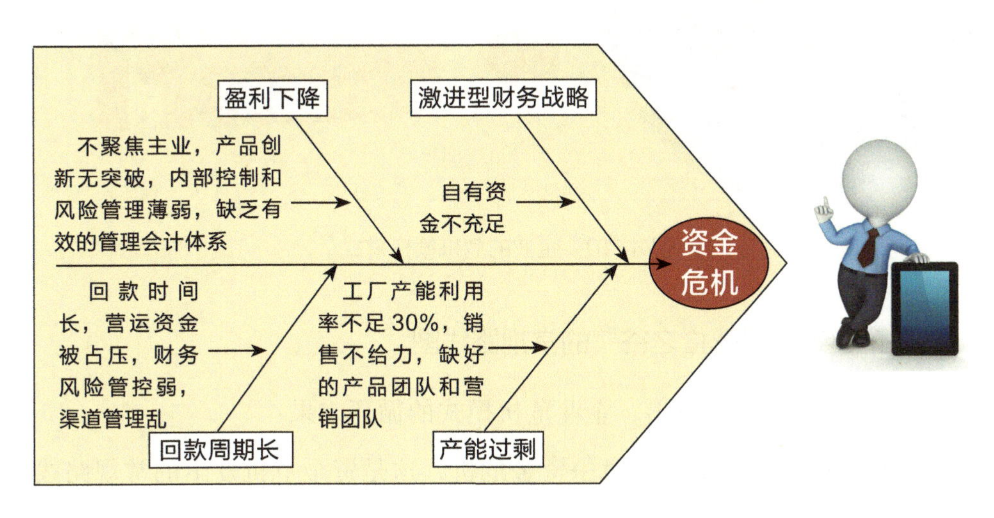

图 4-9　*S 果汁的资金危机成因

从图 4-9 中可以看出，**四大病根触发了 *S 果汁的资金危机**：

病根 1：盈利危机。

病根 2：激进型财务战略。

病根 3：产能过剩。

病根 4：回款周期长。

病根 1：盈利危机，演变成资金危机

1. *S 果汁危机循环模式图

企业为什么会发生破产倒闭呢？

图 4-10 是企业的危机循环模式图，也是 *S 果汁的危机循环模式图。

图 4-10　企业的危机循环模式

2. 企业走向“死亡之谷”的常规路线图

从图 4-10 中可以看出，企业危机模式的循环因果：

企业盈利危机→支付危机→资金危机，这是资金危机发生的常规路线

图，也是企业走向“死亡之谷”的常规路线图。

3. 压死骆驼的致命“凶手”

在不恰当时机，即在企业亏损且自有资本不充足的情况下，采用激进型财务战略是压死骆驼的致命“凶手”。

为什么这么说呢？

因为在企业亏损且自有资本不充足的情况下，盲目进行扩张，盲目进行固定资产和长期资产投资，就会占用企业大量资金。这时的企业生命也会很脆弱，如果半路遇上比如银行的抽贷断贷、贷款到期、库存占压、主营业务资金不能及时回笼、外部资本不能及时介入等，企业立马就会陷入资金危机中，面临资金链断裂，进而破产倒闭。*S 果汁就是循着这个路线图走向“死亡之谷”的。

企业如何才能躲避“潜藏杀手”的一路追杀呢？笔者将在本章第六节中介绍。

4. *S 果汁如何走向“死亡之谷”

为什么说 *S 果汁的盈利危机会演变为资金危机呢？笔者用 3 张数据图来解释说明 *S 果汁的资金危机是如何发生的。

理由 1：9 年时间，*S 果汁净利润持续下滑

在 2008 年至 2016 年这 9 年期间，*S 果汁的扣非净利润基本上一直处于下降趋势（除了 2010 年和 2016 年），而且一共有 7 年时间（除了 2008 年和 2010 年），扣非净利润为负，如图 4-11 所示。

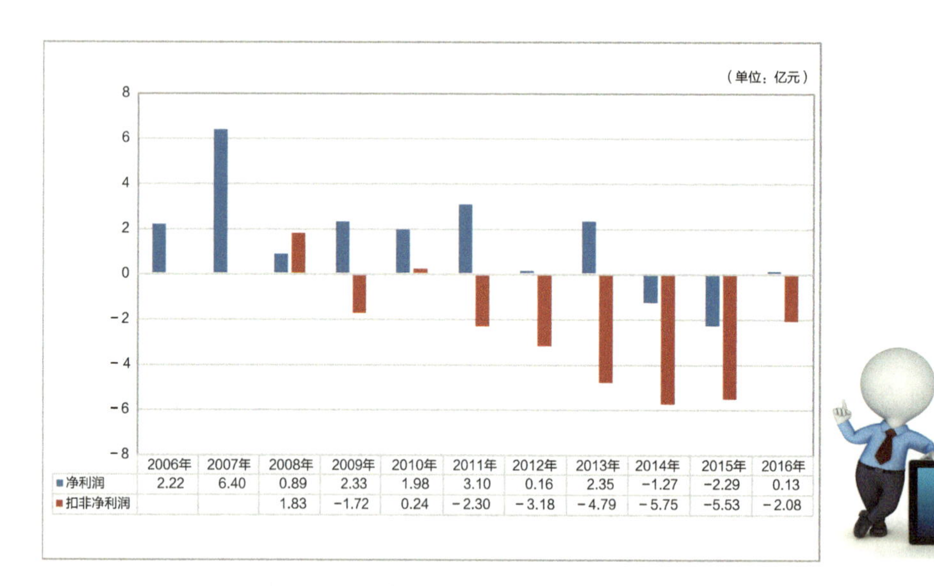

图 4-11 *S 果汁的净利润和扣非净利润情况

理由 2：7 年时间，净利润靠政府补贴支撑

*S 果汁 2010 年至 2016 年的净利润基本上靠政府补贴在支撑，尤其是在 2014 年至 2016 年期间，如果没有政府补贴，*S 果汁净利润的数据会更难看，如图 4-12 所示。

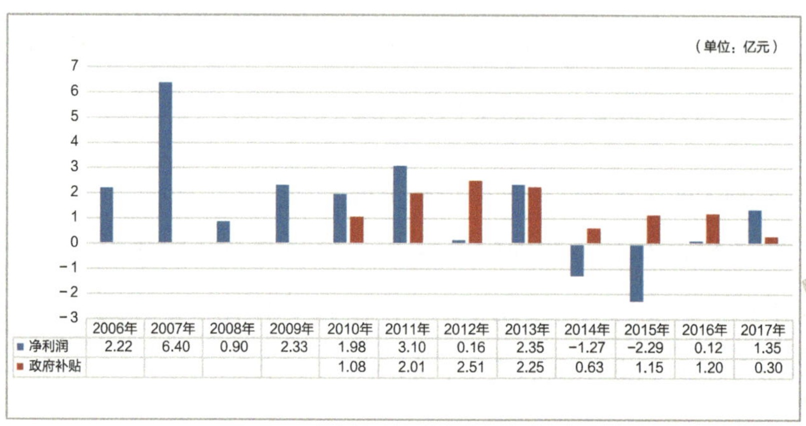

图 4-12 *S 果汁的净利润靠政府补贴情况

从图 4-12 中可以看到，在 2010 年至 2014 年期间，政府补贴占 *S 果汁净利润的比例很高，其中：

- 2010 年政府补贴达 1.08 亿元，占净利润的 55%；
- 2011 年政府补贴升至 2.01 亿元，占净利润的 65%；
- 2012 年政府补贴达 2.51 亿元，占净利润的 1569%；
- 2013 年政府补贴达 2.25 亿元，占净利润的 96%；
- 2014 年政府补贴下滑到了 6300 万元，净利润马上就变成了亏损 1.27 亿元。

理由 3：*S 果汁流动负债在 7 年间不断攀升

图 4-13 显示了在 2010 年至 2016 年期间（除了 2015 年），*S 果汁的流动负债不断上升，在 2016 年达到了 73.45 亿元，流动负债占总负债的比例高达 73.49%，说明公司短期负债压力非常大。

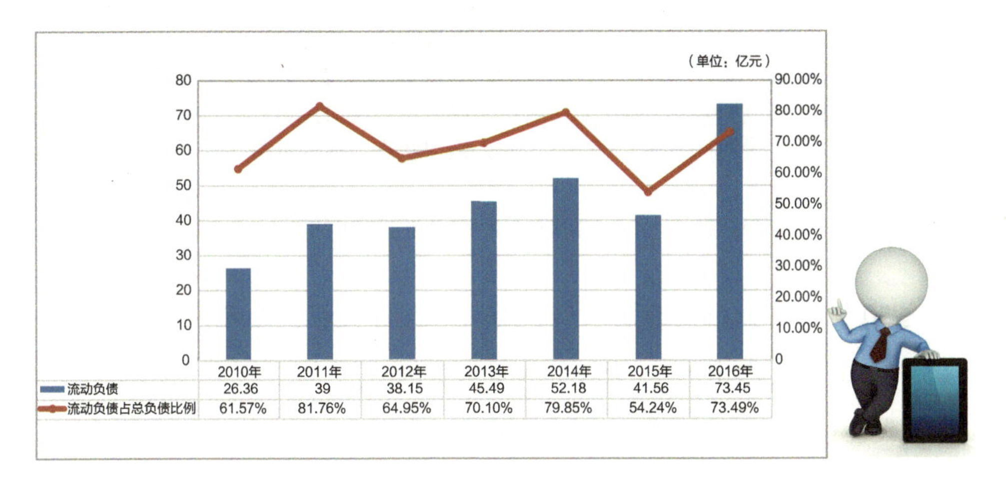

	2010年	2011年	2012年	2013年	2014年	2015年	2016年
流动负债	26.36	39	38.15	45.49	52.18	41.56	73.45
流动负债占总负债比例	61.57%	81.76%	64.95%	70.10%	79.85%	54.24%	73.49%

图 4-13 *S 果汁 2010 年至 2016 年流动负债情况

结论：*S 果汁的盈利危机，演变成了资金危机

综上所述，可以得出结论：在2008年至2016年期间，有近80%的时间，*S 果汁一直处于亏损状态。*S 果汁无法从盈利中得到足够的资金，就不得不靠举债维持企业基本运作，于是就陷入借新债还旧债的困局，拆东墙补西墙，形成恶性循环，最终导致盈利危机演变为资金危机。

病根 2：激进型财务战略占压大量资金

*S 果汁在其自有资本不充足的前提下，采取了激进型财务战略，如图 4-14 所示。*S 果汁冒险投入 20 亿元巨额资金发展上游种植产业，在全国大举建厂、兴建水果基地。

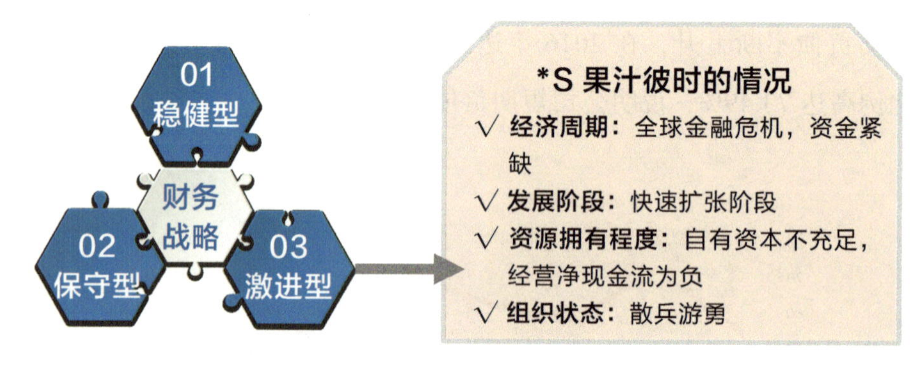

图 4-14 *S 果汁的财务战略选择时机

这 20 亿元真金白银的投入具有周期较长且变现较慢等特点。更重要的是，这 20 亿元占用了 *S 果汁的大量资金。

假设在这个时间段突发一些外部影响因素，比如：

- 银行抽贷、断贷；
- 银行贷款到期；

- 应收账款不能及时回笼；
- 存货占压大量资金；
- 自有资本不充足；
- ……

这样就容易引发资金链断裂的危机。

激进型财务战略使 *S 果汁的盈利危机进一步演变成 *S 资金危机。

病根 3：渠道管理弱，产能过剩

2008 年，*S 果汁投资 20 亿元巨额资金新建工厂，准备转型做上游的纯果汁原料供应商。由于并购未被批准，*S 果汁不得不自己背上这个沉重的大包袱。

巨额投资、并购告吹、长期混乱的渠道管理，这些事情叠加在一起导致的后果是 *S 果汁产能长期严重过剩。从相关财报中可以看到，*S 果汁的产能利用率不足 30%。

产能长期过剩，可 *S 果汁却还要一直面对必须计提的折旧，巨额投资占用了它的资金，加上 *S 果汁盈利能力下滑，没法提供充足资金，于是就必须靠借款来维持，这就导致了另一个逃脱不掉的连锁反应：财务费用与利息支出不断上扬。

病根 4：资金被渠道占压，回款周期长

1. 理由：应收账款周转天数一路上扬，是竞争对手的 15 倍

图 4-15 显示了 *S 果汁在 2007 年至 2016 年期间，应收账款周转天数一路上扬，应收账款周转极其缓慢。

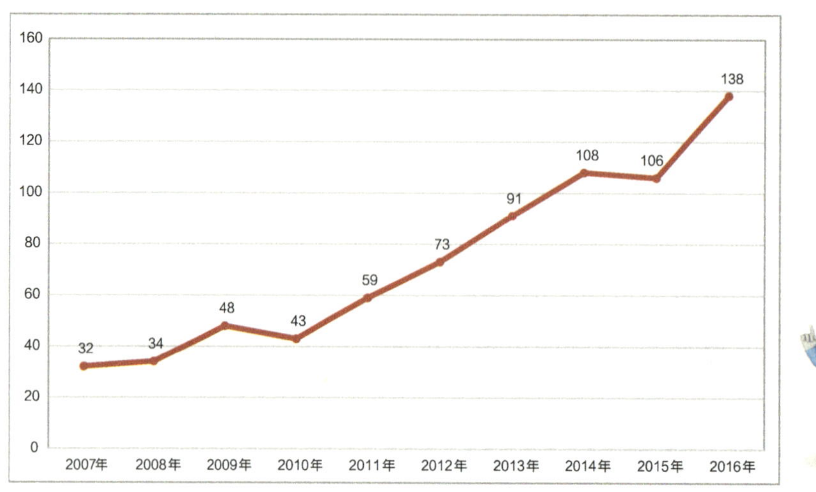

图 4-15 *S 果汁在 2007 年至 2016 年期间的应收账款周转天数

从图 4-15 中可以看出，在 2007 年至 2016 年期间，*S 果汁应收账款周转天数一路上扬：

- 2014 年应收账款周转天数达到 108 天，相当于 3.6 个月；
- 2016 年应收账款周转天数达到 138 天，相当于 4.6 个月。

*S 果汁的应收账款周转时间高达 4.6 个月，这正常吗？我们还是来对比一下竞争对手的数据，如图 4-16 所示。

图 4-16 *S 果汁与竞争对手的应收账款周转天数对比

*S 果汁在 2016 年的应收账款周转天数为 138 天，而它的竞争对手仅为 9 天。也就是说，*S 果汁在 2016 年的应收账款周转天数相当于竞争对手的 15 倍。

从这个数据看，*S 果汁大量的资金被渠道占用了，这对于快消品行业来说是极不正常的。

2. 结论：资金被渠道占压，回款周期长，导致资金紧张

漫长的应收账款周转天数代表 *S 果汁的产品难卖吗？

问题出在了渠道上。其一：在2008年，*S果汁联姻 × × 可乐时，在没有得到商务部审批前，过早地把自己的销售渠道和销售队伍砍掉，虽然事后又花重金重建了销售渠道和销售队伍，但人心尽失，覆水难收。其二：*S果汁经销商“窝里斗”是出了名的，*S果汁对渠道商的控制能力较差，不仅造成资金回笼漫长，还造成经营成本、管理成本的巨大浪费。

第五节　决策失误 1：“急出嫁”，没留后手

一、一张图，秀出第 1 次决策失误

一张图秀出 *S 果汁的第 1 次决策失误，如图 4-17 所示。

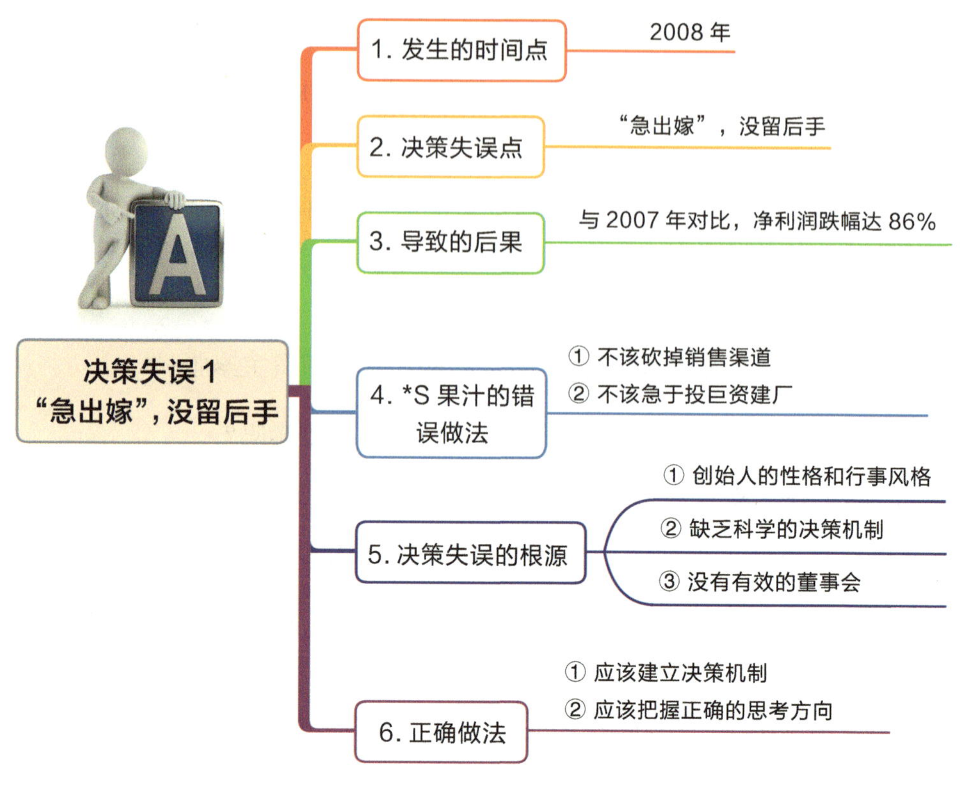

图 4-17　*S 果汁决策失误概览

二、用 5W1H[㊀]法分析第 1 次决策失误

1. When：失误发生的时间点

*S 果汁的第 1 次决策失误发生在 2008 年。

2. Which：决策失误点是什么

*S 果汁着急“嫁给”× × 可乐，在取得商务部审批前急于采取行动，没给自己留后手，置自身于险地。

㊀ 5W1H 可灵活运用。此处 5W 为 When、Which、What、Where、Why；1H 为 How。

3. What：失误导致的后果

*S 果汁的第 1 次决策失误导致当年（2008 年）净利润大幅下跌，与 2007 年对比，跌幅超过 86%。

4. Where：*S 果汁的两大错误出在哪里

*S 果汁第 1 次决策失误的两大错误做法如下。

错误做法 1：不该砍掉销售渠道

*S 果汁不应该在收购案审批通过之前就急于砍掉与 ×× 可乐重合的销售渠道，销售渠道可是自己的“大腿”啊。

“渠道为王”指的是渠道是品牌的战场和空间，渠道和品牌唇齿相依，把自己的销售“大腿”砍掉，相当于把自己的战场和空间让给了竞争对手。

2008 年的大裁员，*S 果汁共裁掉销售人员近 3000 人，只剩下 1160 人，这样做的直接后果，导致 *S 果汁净利润从 2007 年的 6.4 亿元降为 2008 年的不到 9000 万元，与 2007 年净利润对比跌幅达 86%，如图 4-18 所示。

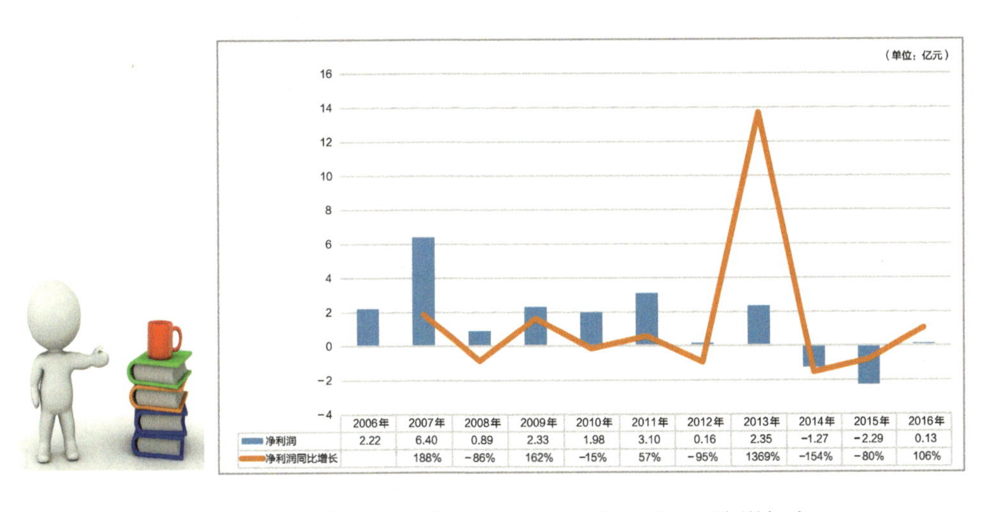

图 4-18　*S 果汁 2006 年至 2016 年净利润及同比增长率

*S 果汁第 1 次决策失误导致的间接后果让其失去了渠道、销售团队的人心和信任，让人寒心。

虽然 *S 果汁在 2009 年收购了近 10 个分销网络，销售人员增加到了 1.3 万人，但大幅增加的销售人员却没有带来高增长的营业收入，如图 4–19 所示。2008 年 *S 果汁的营业收入增长率为 6.17%，2009 年的营业收入增长率仅为 0.46%，营业收入增长率反而出现下滑——为什么呢？人心向背！

错误做法 2：不该急于投巨资建厂

*S 果汁不应该在收购案审批前就提前投入真金白银 20 亿元，在全国各地布局建水果基地。摊子铺得太大，占用的资金很多，为自己日后的盈利危机和资金危机埋下了巨大的地雷。

图 4-19　2006 年至 2016 年 *S 果汁历年营业收入及增长率

5. Why：造成第 1 次决策失误的原因

*S 果汁犯下的决策失误真是应了那句话：“100 次行动也挽救不了 1 次的决策失误。”

*S 果汁第 1 次决策失误有三大原因，如下所述。

原因 1：创始人爱冒险，缺乏理性决策思维

*S 果汁的这次决策失误，充分说明了创始人 Y 是一位有着冒险精神的乐观主义者，做事喜欢凭感觉，缺乏理性决策思维，也缺乏风险意识。

原因 2：缺乏科学合理的决策机制

这次决策失误，充分说明了 *S 果汁作为一家上市公司和行业的龙头老大，在收购之前居然没有一个通盘的考虑和周密的计划。重大决策没有经过客观分析和谨慎论证，也没有科学和严谨的决策流程，这对于任何一家上市公司、品牌企业以及想做大做强做久的企业来说，都是一颗定时炸弹。

原因 3：缺乏有效的董事会治理模式

这次失败的决策，反映了 *S 果汁内部控制和风险管理的薄弱以及董事会的弱势。深究其背后深层次的原因，与当家人“一言堂”的行事作风、家族式非职业化的治理模式有关。

6. How：*S 果汁应该如何规避失误

*S 果汁应该采取两种正确做法。

正确做法 1：应该建立决策机制

商业世界复杂多变，凡事都有不确定性。对于重大且复杂事项，*S 果汁应该建立严谨、科学的决策机制，组织智囊团队，由高管和外部不同领域的专家组成，广泛听取意见，遵循决策流程，将决策带来的中等及重大风险控制在最小范围。

正确做法 2：应该把握正确的思考方向，谋定而后动

重大决策需要经过客观分析和谨慎论证，这样才可以最大化地避免个人凭感觉做决策带来的风险。

拿 ×× 可乐并购 *S 果汁一事举例，任何一场并购都有做成与做不成之分，在得到中国商务部的正式批准前，*S 果汁应该做好通盘计划，比如审批通过，应该怎么做；审批没通过，应该怎么做。

假如历史的车轮能够倒退，*S 果汁董事会和高管层能够把握思考的方向，站在并购“成与不成”的两种不同角度思考行动计划，绘制一张“留后手谋略图”，谋定而后动，那今天的一切也许就会变得不一样了。

第六节　决策失误 2：错误应用财务战略

一、一张图，秀出第 2 次决策失误

一张图秀出 *S 果汁的第 2 次决策失误，如图 4-20 所示。

二、用 5W1H 法分析第 2 次决策失误

1. When：失误发生的时间点

*S 果汁的第 2 次决策失误发生在 2008 年。

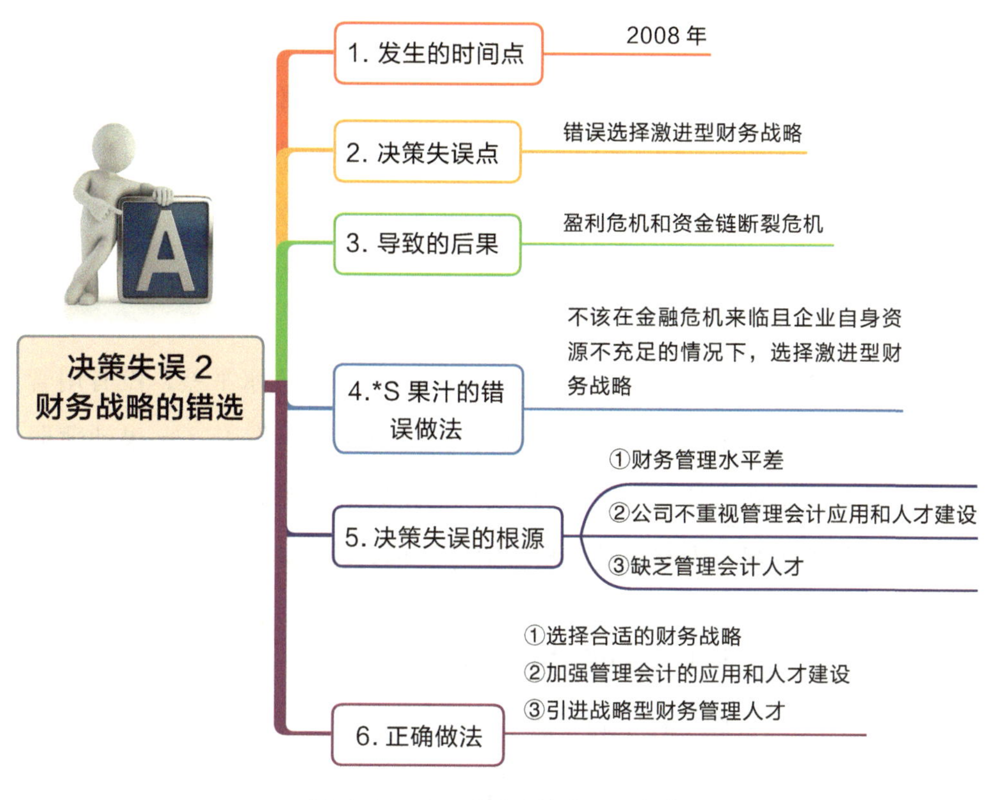

图 4-20　*S 果汁决策失误 2 概览

2. Which：决策失误点是什么

*S果汁在错误的时间点，选择激进型财务战略，跑马圈地，扩充产能。

3. What：失误导致的后果

*S 果汁第 2 次决策失误，导致盈利危机和资金链断裂危机。

4. Where：*S 果汁的错误出在哪里

2008 年，在全球金融危机爆发的时间点，*S 果汁不应该在自有资金不充足，以及资源、能力、组织状态有所欠缺的前提下，采取激进型财务战略，冒险投入20亿元现金，跑马圈地，在全国各地布局43家工厂，过早发展上游业务。而××可乐并购失败、外来资本进不来、自身造血功能淤堵，引爆了*S果汁的盈利危机和资金链断裂危机。

5. Why：造成第2次决策失误的原因

造成第2次决策失误的原因是*S果汁的财务管理水平差，没有用管理会计发挥分析、评价、预测、决策、控制和规划等作用。*S果汁薄弱的财务管理水平和内控治理水平，代表了公司创始人和董事会对财务管理、管理会计的不重视，没有引进战略型财务管理人才。

6. How：*S果汁应该如何规避失误

*S果汁应该采取3种正确做法。

正确做法1：审时度势，选择匹配的财务战略

*S果汁决策层应该认真研究国家宏观经济状况及其走向、行业竞争程度以及自身的投资能力，跟企业的扩张速度和扩张规模是否匹配，据此选择合适的财务战略。

正确做法2：加强管理会计的应用和人才建设

作为一家行业的龙头老大和知名上市公司，应该重视管理会计的应用和人才建设，让管理会计引领企业发展，充分发挥分析、预测、规划、决策、控制、评价等作用，帮助企业实现战略，做大做强。

正确做法3：引进战略型财务管理人才

以*S果汁彼时的规模和发展速度，应该引进战略型财务管理人才，为其设计盈利模式，建立匹配的财务战略，以“战略—业务—财务—人力”四位一体、融合发展为中心，设计利润模型和动因分析，引领业务前行。

第七节　决策失误 3：违反港交所上市规则

一、一张图，秀出第 3 次决策失误

一张图秀出 *S 果汁的第 3 次决策失误，如图 4-21 所示。

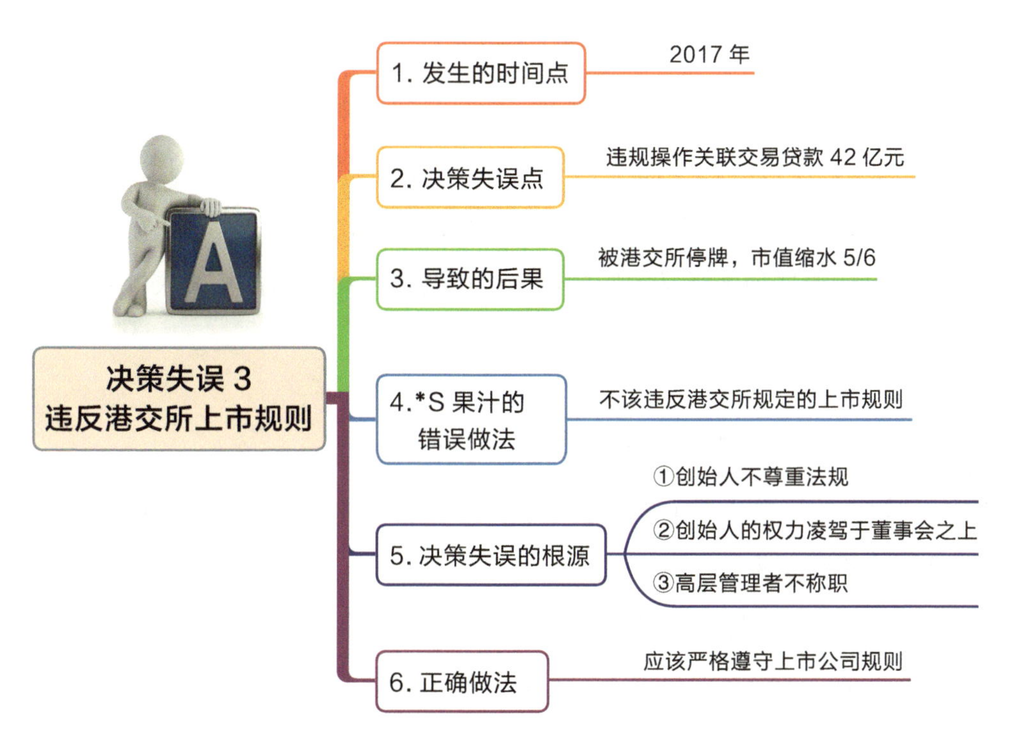

图 4-21　*S 果汁决策失误 3 概览

二、用 5W1H 法分析第 3 次决策失误

1. When：失误发生的时间点

*S 果汁的第 3 次决策失误发生在 2017 年。

2. Which：决策失误点是什么

*S 果汁败在缺乏法治意识，不尊重法规，不重视内部控制和风险管理，违规操作关联交易贷款 42 亿元，被港交所停牌。

3. What：失误导致的后果

*S 果汁被港交所停牌，市值缩水 5/6，损害相关利益人权益。

4. Where：*S 果汁的错误出在哪里

*S 果汁不该在未经董事会批准、未签订协议以及尚未对外披露的情况下，向其关联公司出借 42 亿元贷款，这严重违反了港交所规定的上市规则，直接导致了 *S 果汁被港交所停牌，停牌后市值缩水 5/6。

*S 果汁的这种奇怪又大胆的做法，还会给公司的利益相关人带来不同程度的损害。

5. Why：造成第 3 次决策失误的原因

创始人的权力凌驾于董事会之上，*S 果汁董事会形同虚设，内部控制和风险管理极度薄弱，高层管理者不称职。

*S 果汁的错误做法再次说明创始人 Y 的冒险精神和强势作风，对规则熟视无睹，既没有敬畏之心，也没有风控概念和法治意识，这对于上市公司来说是极其危险的。

*S果汁应该以此为戒，做好“事前预防、事中控制、事后总结”，这是“抓执行、管过程、建机制”安全风险管控的基础，只有打好基础，才能进一步提升企业风险管理水平，让企业立于不败之地。

6. How：*S果汁应该如何规避失误

作为一家上市公司，*S果汁董事会和管理层需要对投资者负责，应该严格遵守上市公司规则，比如在动用公司财产前，必须依据公司章程约定，采取以下做法：

（1）依授权层级，取得董事会和股东大会的批准；

（2）根据与债权人的约定，取得债权人的同意；

（3）事前向公众披露。

第八节　决策失误4：近亲繁殖，任人唯亲

一、一张图，秀出第4次决策失误

一张图秀出*S果汁的第4次决策失误，如图4-22所示。

二、用5W1H法分析第4次决策失误

1. When：失误发生的时间点

*S果汁的第4次决策失误发生在2013年。

2. Which：决策失误点是什么

*S 果汁败在近亲繁殖，任人唯亲，不重视现代人力资源管理，不重视企业文化和人才建设，导致抱团对外，空降兵难以生存，人才难留。

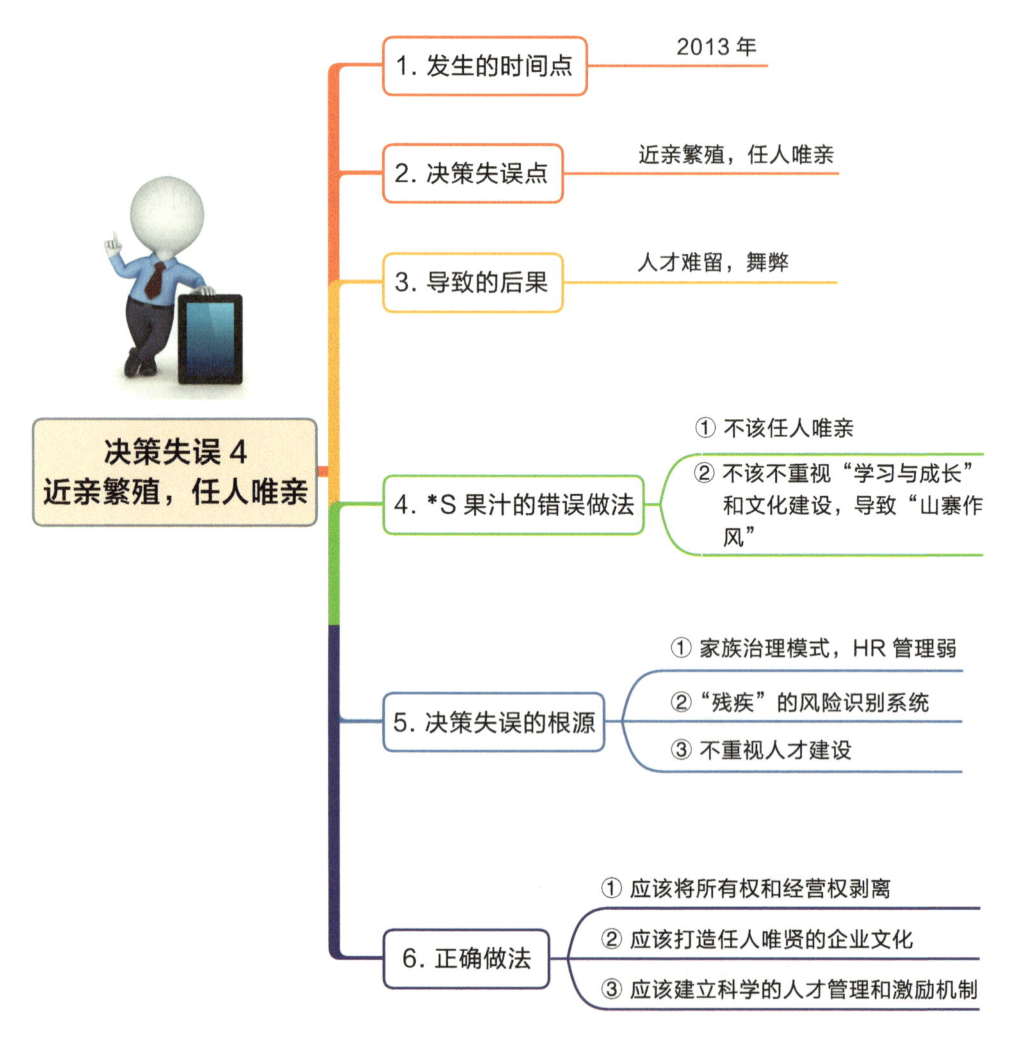

图 4-22 *S 果汁决策失误 4 概览

3. What：失误导致的后果

*S果汁空降兵孤军奋战，人才难留，组织士气涣散，舞弊行为无处不在。

4. Where：*S 果汁的错误出在哪里

*S 果汁的错误做法如下所述。

错误做法 1：近亲繁殖，任人唯亲

*S 果汁可以是家族企业，但不应该实行任人唯亲式的家族式管理。

*S 果汁重要岗位都是由亲属、亲戚和老乡担任。如果这些身居重要岗位的“近亲”能力卓越且专业过关，倒也无可厚非，但事实上，从 *S 果汁上市后连续几年的财务报表就能看出他们的能力平平。

错误做法 2：工作氛围不职业，“山寨作风”

*S 果汁不像是一家公众公司，更像是以“Y 家”为主、占山为王的山寨。外界的职业经理人进入山寨，文化上自是不容易适应，想改革推进先进的管理理念也难，因为要面对的是一个利益帮派。这些利益帮派虽然在专业上没有建树，但一旦改革触动了他们的“奶酪”，这股反对的呼声和力量，足以扳倒任何一个水平专业的职业经理人。所以，*S 果汁短期内高管频繁离职。

5. Why：造成第 4 次决策失误的原因

原因 1：近亲繁殖弊端，导致无法建立现代人力资源管理机制

公司元老级的高管和员工组成了“航空母舰群”，如果没有现代人力资源管理机制和健康的企业文化打底，如果没有老板的大力支持、授权（财权、人权）和信任，能力再强的空降兵也很难生存。

*S 果汁没有建立人才的“选—用—育—留”机制，也没有建立“我想做、我要做、我会做、我能做”的平台。将亲属安插在重要岗位上的治理方式，很容易形成特权思想，把公司变成“家天下”，使职业经理人很难在公司舞台上发挥其应有的角色和作用。

笔者在《英眼视界：直击企业痛点》一书中，曾专门写过空降兵“软着陆”的问题，揭示了他们的痛苦和困惑，以及企业人才建设和绩效管理方面的具体做法。

原因 2：“残疾”的风险识别管理系统

*S 果汁没有及时捕捉高管、骨干频繁离职的危险报警信号，并采取及时的应对措施，这暴露了其风险识别管理系统的“残疾”。

原因 3：空降高管频繁离职，缺乏留才土壤

*S 果汁的 CEO 更换频繁，每一任 CEO 都有着耀眼的履历，都是在商场上拼杀出来的，为什么在 *S 果汁连一年时间都干不满？这里面除了有家族、老乡的群体力量绞杀外，最重要的问题还是来自 Y 总本人。

公司不同层级的管理者，缺乏清晰的责权利界定和授权机制。比如对于空降的 CEO，Y 总是否真的信任？是否真的授权？如果授权，授权范围又是多大？

而频繁地更换 CEO，对组织来说，本身就是一件高风险的事情。CEO 的离开，又会让家族成员、老乡和观望的员工感觉谁来改革都没用，他既没有根基，又没有被赋予权力和信任，凡事还是得看 Y 总脸色行事，而这直接导致管理混乱和失控。

6. How：*S 果汁应该如何规避失误

*S 果汁的正确做法如下所述。

正确做法 1：应该将所有权和经营权剥离

*S 果汁应该将所有权和经营权分离，公司内部重要的管理岗位，应该由人品好、有能力的职业经理人担任。

正确做法 2：应该打造任人唯贤的企业文化

*S 果汁应该打造任人唯贤的企业文化，无论是家族成员、老乡，还是外部聘请的职业经理人，都要一视同仁，奖勤罚懒、奖优罚劣。

正确做法 3：建立科学的人才管理和激励机制

*S 果汁应该建立一套科学的“选—用—育—留”的人才管理和激励机制，建立“我想做、我要做、我会做、我能做”的平台，鼓励产品技术创新，鼓励精细化管理，鼓励开源节流，反对山头主义，反对居功自傲，反对不学习成长。

第九节　决策失误 5：热衷投资致富

一、一张图，秀出第 5 次决策失误

一张图秀出 *S 果汁的第 5 次决策失误，如图 4-23 所示。

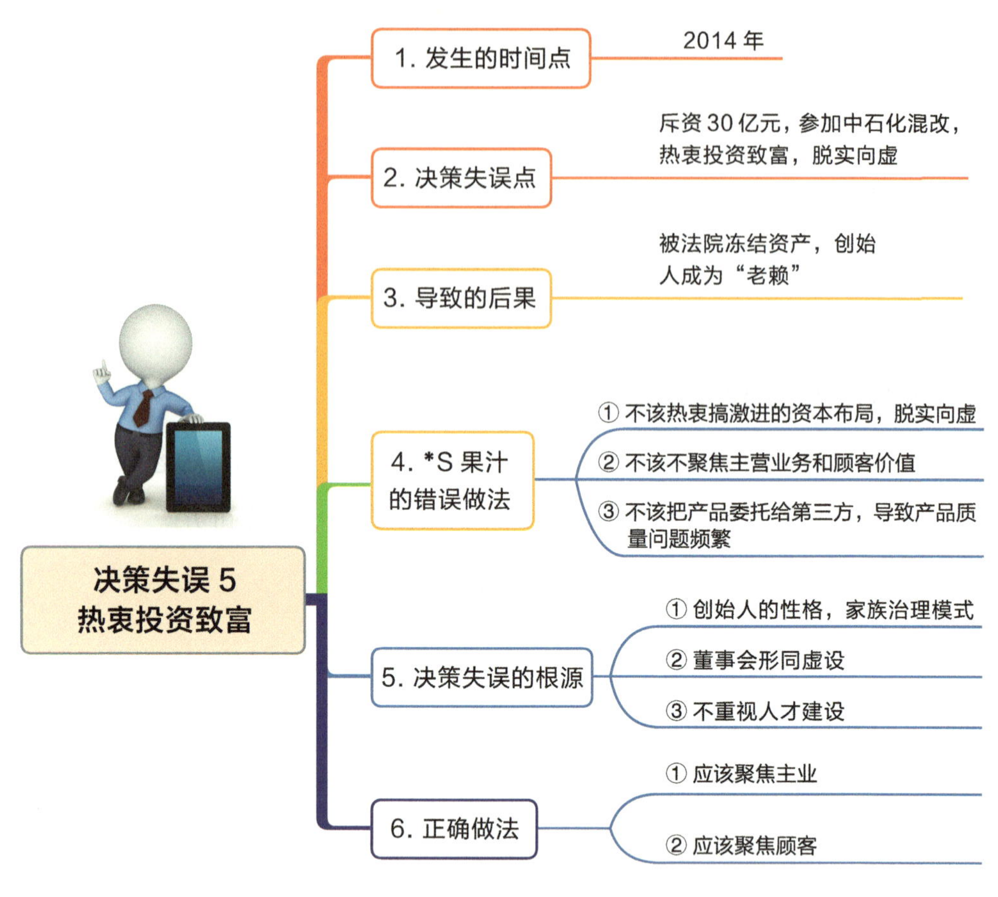

图 4-23 *S 果汁决策失误 5 概览

二、用 5W1H 法分析第 5 次决策失误

1. When：失误发生的时间点

*S 果汁的第 5 次决策失误发生在 2014 年。

2. Which：决策失误点是什么

*S 果汁败在斥资 30 亿元，参与中石化销售公司混改，热衷投资致富；败在不聚焦主营业务，不聚焦技术研发和产品创新，不聚焦内部经营管理。

3. What：失误导致的后果

*S 果汁现金流紧张，拆东墙补西墙，被法院冻结资产，创始人成为“老赖”。

4. Where：*S 果汁的错误出在哪里

*S 果汁的错误做法如下所述。

错误做法 1：热衷搞激进的资本布局，脱实向虚

Y 总一心想投资暴富，2014 年以德源资本名义斥资 30 亿元，参与中石化销售公司的混改。之后不久，未经中石化书面同意，便擅自做主将股份质押给招商银行，导致投资未成，资金链紧张，高额举债，资产冻结。

错误做法 2：不聚焦主营业务和顾客价值

老话说得好：一鸟在手，胜过百鸟在林。

令人遗憾的是，*S 果汁没有在主业方面紧随时代变化，研究消费主力军的偏好及变化，及时对企业设计和产品品牌进行升级。

商业环境处在快速变化中，*S 果汁的消费主力军是“90 后”“00 后”，这部分人更喜欢“新、奇、特”的产品。*S 果汁显然没有针对这些人群，利用互联网优势，建立情感链接，构建以产品品牌为核心的供应链护城河。

错误做法 3：把产品委托给第三方，引发消费者信任危机

*S 果汁最不应该做的决策是把产品委托给第三方运营商。对于生产制造商来说，产品是生命，将产品委托给别人，造成产品质量问题频发，甚至有消费者投诉买到了发霉的果汁，导致消费者对 *S 果汁的产品失去信任。消费者一旦产生信任危机，*S 果汁就会失去市场，造成销量下滑、

收入下降、库存积压，以及管理成本和经营成本上升。

5. Why：造成第 5 次决策失误的原因

造成 *S 果汁第 5 次决策失误的原因如下所述。

原因 1：创始人独断的性格和投机的心理

*S 果汁第 5 次决策失误，反映了 Y 总独断的性格、投机的心理和自身的格局，性格决定命运，格局决定视野。

原因 2：没有用管理会计做企业设计

德鲁克先生告诉我们：赢利是企业经营的结果，企业更应关注的是顾客。企业经营的目的不是利润，而是为顾客创造价值。利润是顾客与组织交换价值的结果，经营逻辑错了，企业就会陷入灾难。企业忘记了顾客，顾客也会忘记企业。

按照这个经营逻辑，*S 果汁如果运用管理会计做企业设计，用财务模型设计企业的盈利模式、生产模式、管理模式、资本模式、扩张模式和营销模式，用数据驱动决策，用全面预算控制战略和引导资源配置，那么今天的 *S 果汁命运一定会改写的。

原因 3：虚弱的董事会治理架构

*S 果汁董事会不具备指导监督企业经营方针和战略发展的能力，也没有担负起内部控制的首要责任。

6. How：*S 果汁应该如何规避失误

*S 果汁的正确做法如下所述。

正确做法 1：聚焦主业

真相往往隐藏在数字中，*S 果汁应该根据历年财报反映的数据和信息，重点聚焦主业，精耕细作，持续创新，关注对主业不利的重要风险点，制定应对措施，用数据驱动决策，打场漂亮的翻身仗。

正确做法 2：应该聚焦顾客

好产品 + 好营销，一定会吸引顾客的。*S 果汁应该把研究重点放到顾客的偏好上，根据顾客的兴奋点和痛点，精准定位产品，精准切入市场，做好渠道建设。

第十节 *S 果汁事件带来十大深刻教训

一、*S 果汁事件给后人的警示

Y 总以传奇的方式，缔造了“*S 果汁王国”，却又以传奇的方式，让 *S 果汁跌落神坛。他的事迹浓缩了中国一代企业家的商海浮沉，也折射了时代的光影。

笔者作为一名百战归来的职场老兵，20 多年来一直坚持用工匠精神做实事，一直信奉天道酬勤，为 *S 果汁感到惋惜，因为做实业太难了。实业强国，能坚持做实业的人，都是有远大理想的，是真正值得尊敬的人。

学习和研究企业失败的案例，总结企业发展的经验教训，不仅会给我们敲响警钟，让我们以史为镜，还对引导企业做好创新管理、提升企业绩效、避开“死亡陷阱”具有重要意义。

而要避免重蹈覆辙，企业就要将管理会计的思维和方法融入战略、业务、人力和财务管理中，建立科学合理的决策机制，提升企业盈利能力和管理质量，规避财务危机和陷阱，赢得永续发展。

从 *S 果汁事件中，笔者提炼出十大深刻教训，希望更多的企业家和管理者能够引以为戒，如图 4-24 所示。

图 4-24　从 *S 果汁事件中提炼出的十大深刻教训

教训 1：决策跟企业命运息息相关，错误的决策会把企业推向万丈深渊。

教训 2：在企业亏损且自有资金不充足的情况下，切忌采取激进型财务战略，否则它就是压死骆驼的致命“凶手”。

教训 3：管理会计影响企业命运，忽略管理会计的应用，企业更容易走向失败。

教训 4：盈利模式决定企业的前景是否光明，忽略盈利模式的设计，很难从“根”上解决企业赚钱的问题。

教训 5：资金是企业的血液，不重视资金管理，代价就是企业会因“缺血”而亡。

教训 6：合规和风险管理可以为企业保驾护航，没有风险意识或风险管理失灵的企业，随时有“炸雷”的可能性。

教训 7：主业是企业的核心业务，企业的转型和多元化是风险很大的操作，不聚焦主业的企业，很容易在激烈的市场竞争中被打得头破血流。

教训 8：企业经营的目的不是利润，而是为顾客创造价值；利润是顾客与组织交换价值的结果，经营逻辑错了，企业就会陷入灾难；企业忘记了顾客，顾客也会忘记企业。

教训 9：产品质量是企业的生命线，忽略产品质量，会引发消费者信任危机。

教训 10：人才是企业的第一生产力，忽略人才引进和建设，是管理的致命弱点，会造成企业运行的混乱。

二、企业财富管理的五大学问

从 *S 果汁中，笔者提炼出五大财富管理学问，如图 4-25 所示。目的是希望所有看到此书的读者，能少走弯路，绕开“死亡陷阱”，让中国更多的企业变得更加健康和成功，让中国更多的企业和产品走向世界，真正实现中华民族伟大复兴的中国梦。

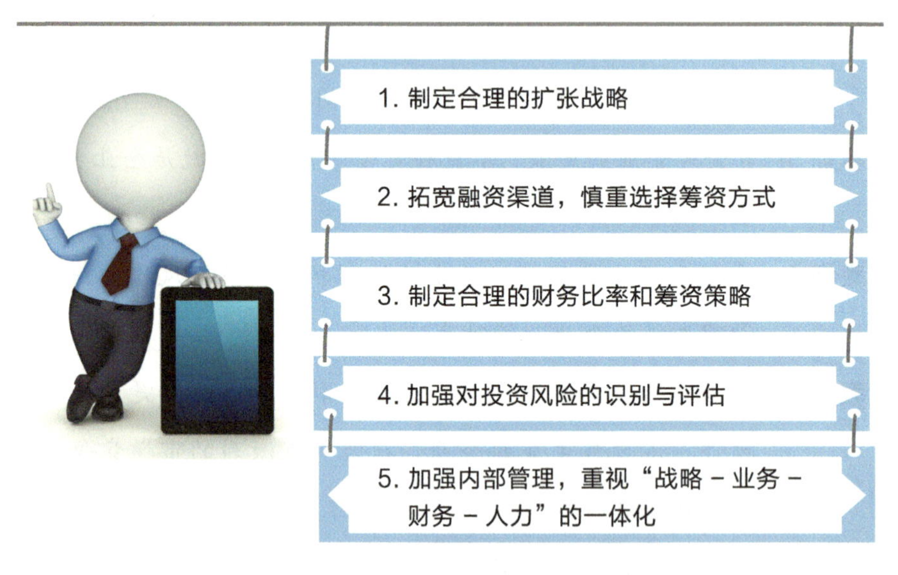

图 4-25　企业财富管理的五大学问

志英的叮咛

决策的正确与否，决定着企业的生死兴衰。企业家和管理者不能随意为之，要运用管理会计的思维和方法，建立科学合理的决策机制，客观分析，谨慎论证，理性决策。

第五章

管理会计影响企业命运，靠这3件法宝

——从*S果汁“沉船记”中得到的警示

内容概要

本章以“1 页纸”思维导图开篇，采用一套体系化的管理会计应用思路，从纯实战角度，穿插 1 支笔模型，17 张图片和 2 张表格，以白话方式揭秘管理会计跟企业寿命之间的紧密关联。用 5 个生动的示例，阐述如何通过管理会计的 3 件法宝，移除压死企业的三座大山：失败的决策、错误的战略和不力的执行。

第五章 管理会计影响企业命运，靠这3件法宝

- 故事引文——从*S果汁“沉船记”中得到的警示
- 第一节 管理会计应用不足，会给企业带来哪些危害
  - 一、管理会计应用不足，*S果汁走向了何方
  - 二、管理会计应用不足，中国企业走向了何方
- 第二节 管理会计3件法宝，决定企业前途
  - 一、管理会计是企业的中枢神经系统
  - 二、管理会计影响企业命运，靠的是3件法宝
- 第三节 管理会计帮企业制定最优决策
  - 一、企业决策决定企业命运
  - 二、管理会计决定决策好坏
  - 三、用管理会计为企业制定最优决策
- 第四节 管理会计为企业匹配最优战略选择
  - 一、战略选择决定企业命运
  - 二、管理会计决定战略选择
  - 三、用管理会计匹配最优财务战略选择
- 第五节 管理会计帮企业打造最优执行力
  - 一、执行质量决定企业命运
  - 二、管理会计决定执行质量
  - 三、用管理会计打造企业最优执行力

志英观点

失败的决策、错误的战略和不力的执行是导致企业死亡的三大“凶手”。管理会计是企业的中枢神经系统，通过管理会计的思维、方法和工具，可以帮助企业制定最优决策，选择最优战略，打造最优执行力，为企业赢得永续发展。

故事引文

从 *S 果汁“沉船记”中得到的警示

曾经风光无限的 *S 果汁，由于失败的决策走向衰败。这个发生在我们身边的真实案例，并非个案，值得深刻反思。

接下来，笔者将具体阐释管理会计是如何通过三件法宝影响企业命运的。

第一节　管理会计应用不足，会给企业带来哪些危害

一、管理会计应用不足，*S 果汁走向了何方

从第四章 *S 果汁“沉船记”中，可以清楚地看到：管理会计应用严重不足，导致了 *S 果汁的 5 次重大决策失误，让它几度经历四面楚歌，进而引发了盈利危机、资金危机和信任危机，最终走向“退市”。

*S 果汁由盛转衰，都是决策失误惹的祸。从 2008 年开始，总共出现过 5 次重大的决策失误。

*S 果汁的失败跟管理会计的应用有什么关联?

示例 5-1 解析

*S 果汁的决策失误，源于管理会计应用不足，主要体现在 5 个方面，笔者将其称为“五缺”，如图 5-1 所示。

图 5-1　*S 果汁管理会计的“五缺”

图 5-1 中提到的战略预算、动因分析、风险管理工具、绩效评价等，都是管理会计的核心工具。

1. 缺乏管理会计多视角思维

由于没有应用管理会计多视角思维，造成了 *S 果汁的重大决策失误。

2. 缺乏战略预算工具

由于未使用战略预算工具来引导 *S 果汁的资源配置，致使其资金运用缺乏系统规划，进而引发盈利危机和资金危机。

3. 缺乏管理会计动因分析

由于缺乏管理会计动因分析与预警机制，导致 *S 果汁收入和支出不匹配，引发盈利危机。

4. 缺乏有效的风险管理工具

由于缺乏有效的风险管理工具，导致 *S 果汁频频爆雷。

5. 缺乏有效的绩效评价机制

一般情况下，营销费用和销售人员人数的增长，会带来销售收入、利润的同比增长。*S果汁由于缺乏有效的绩效评价机制，导致销售人员人数和营销费用大幅增长，而销售收入、利润不但没有得到同比增长，反而在不断下降。

二、管理会计应用不足，中国企业走向了何方

1. “1支笔”公式：丈量企业的方向和过程

大多数中国企业生命周期较短，能做强做大的企业，更是寥寥无几。

企业做不久、长不大，跟什么有关呢？可以用“1支笔”公式来判断：方向+过程=结果，如图5-2所示。

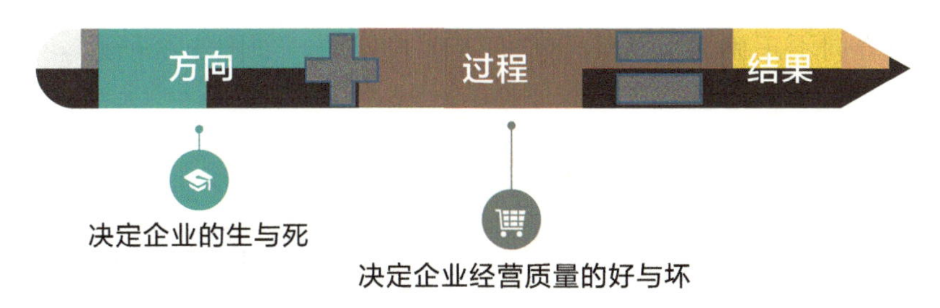

图5-2 “1支笔”公式（©邹志英）

在“1支笔”公式里，方向决定了企业的生死命脉，过程决定了企业的运营健康状况，反映了企业运营质量的好与坏。方向错了，努力为零；执行不力，蓝图再美，也是海市蜃楼。

2. 用“1支笔”，判断S企业缘何衰落

我们可以用“1支笔”公式，推理企业衰落、失败、业绩下滑或者业绩增长的原因。

S 企业在最近 3 年，营业收入下滑，经营亏损，遭到客户投诉。

这究竟是哪里出了问题？

示例 5-2 解析

用“1 支笔”公式，判断 S 企业走向衰落的三种原因。

原因 1：S 企业的方向不正确

企业方向不正确，应从 4 个方面入手找问题，如图 5-3 所示。

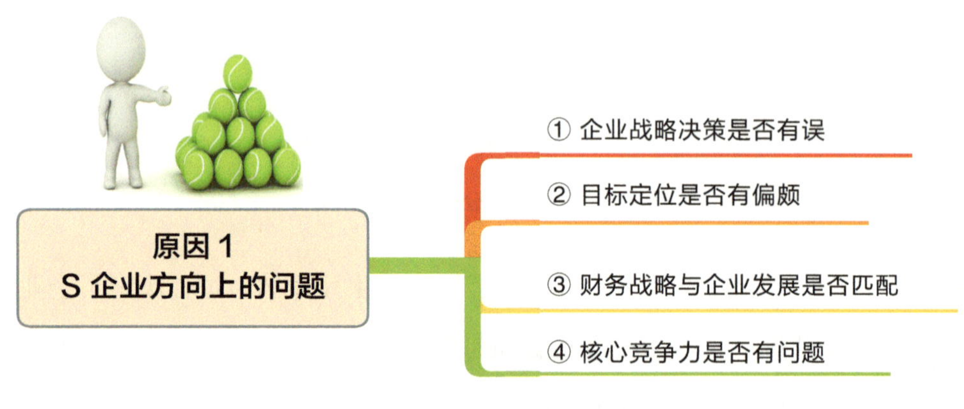

图 5-3 判断 S 企业方向上的问题

原因 2：S 企业的执行不力

企业执行不力，应从 6 个方面入手找问题，如图 5-4 所示。

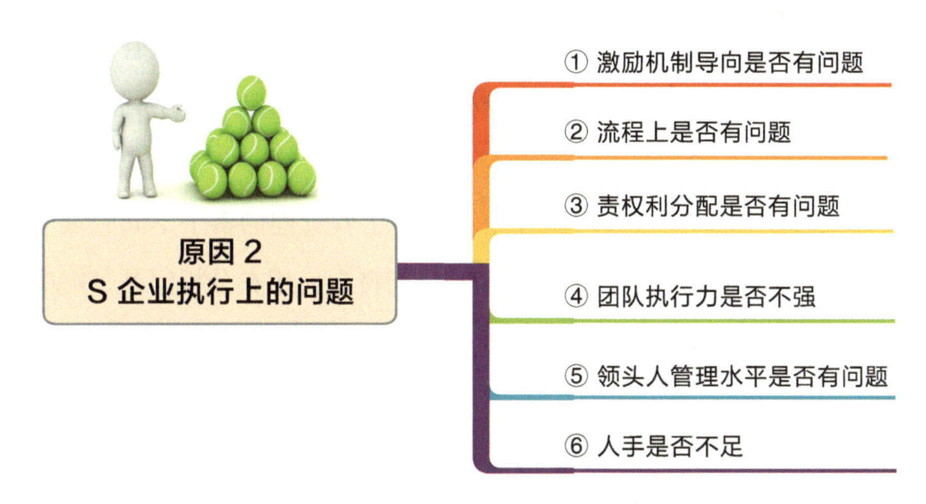

图 5-4　判断 S 企业执行上的问题

原因 3：S 企业的方向 + 执行都有问题

企业方向 + 执行都有问题，应从以下几个方面入手找问题，如图 5-5 所示。

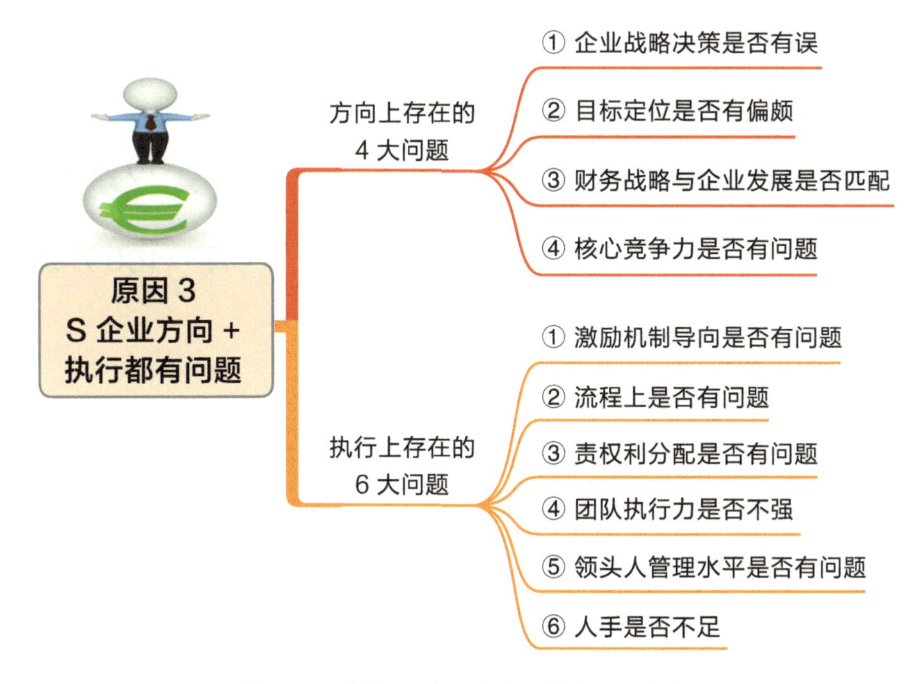

图 5-5　判断 S 企业方向及执行上的问题

在判断出S企业大“面”上的问题后，再运用逻辑推理、管理会计动因分析法、盈亏平衡模型、敏感度分析和数据图表，就可以精准定位“点”上的问题和原因，给出解决方案。

“1支笔”公式，可以应用在企业战略运营管理的多个不同领域中。笔者在课堂上教给学员使用秘诀后，学员们将它应用在分析问题、解决问题、书面汇报、公开演讲和述职报告中，一切变得简单了很多。

3. 管理会计应用不足，让中国企业屡遭困境

（1）《财富》杂志报道，中国企业倒闭数量是美国的10倍

曾有这样一个统计，用欧美企业和中国企业的平均寿命做了一个对比，如图5-6所示。

大企业平均寿命

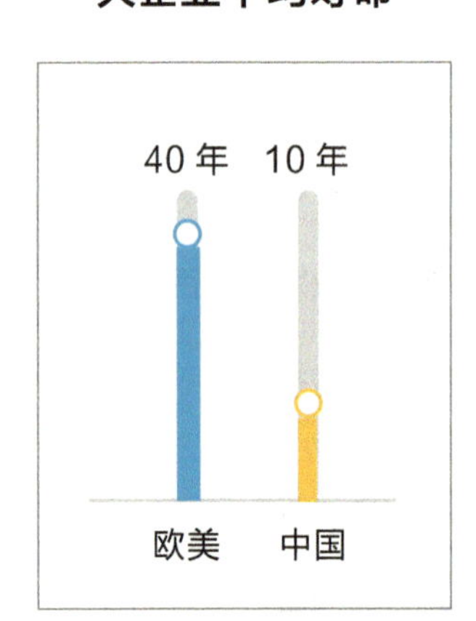

中小企业平均寿命

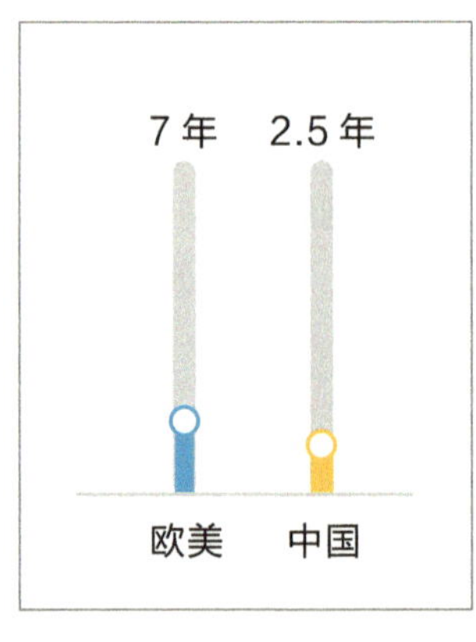

每年倒闭企业数量

美国	10万家
中国	100万家

图5-6　欧美企业与中国企业的平均寿命对比

从图5-6中，可以看到3个信息：

① 欧美大企业的平均寿命为40年，中小企业的平均寿命为7年。

② 中国大企业的平均寿命较短，只有 10 年，中小企业的平均寿命仅有 2.5 年。

③ 美国每年倒闭的企业约有 10 万家，而中国有 100 万家，是美国的 10 倍。

（2）中国短命企业数量为何这么多

用一张图来呈现中国企业寿命短的原因，如图 5-7 所示。

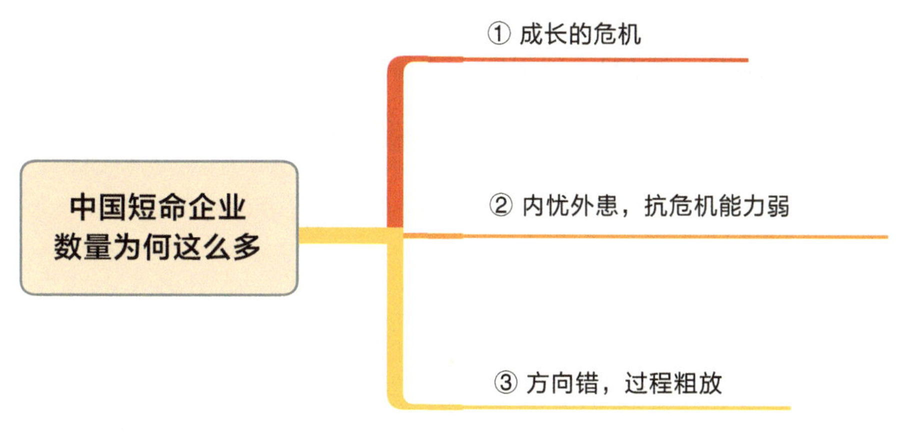

图 5-7　中国企业短命的三大原因

（3）两大危机，成为中国企业解不开的“死结”

生物学对“成功”的定义是：一个物种，若能生存下去就是成功。

我们有没有认真思考过：曾经辉煌一时的品牌为何会消失？

以家电行业为例，有很多在当年红得发紫、风光无限的品牌，最终都没有逃过倒闭命运，如今已沦为了“40 后”至“70 后”的回忆，如图 5-8 所示。

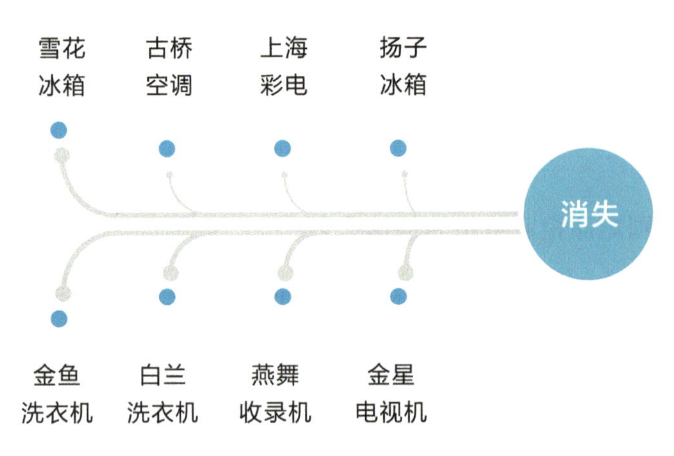

图 5-8　今已消失的品牌

企业在经营发展的过程中，会经历两大危机：

① 活不久；

② 长不大。

可以说，这两大危机是多数企业解不开的“死结”。

（4）内忧外患成为中国企业的生存常态

你一定好奇：

- 为什么有那么多的企业，尚未成年便早早夭折？
- 为什么有那么多的企业，会成为长不大的“老小企业”？
- 为什么有那么多的企业曾如日中天，但转眼间便由盛变衰？

究其原因，内忧外患、抗危机能力弱，成为中小企业的生存常态，如图 5-9 所示。

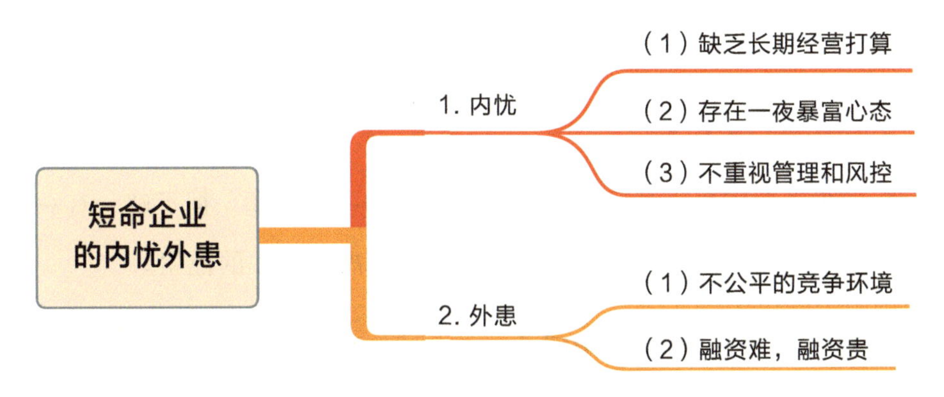

图 5-9　中国企业的生存常态：内忧外患

① 企业“内忧”，忧在哪儿？

A. 缺乏长期经营打算

有些中小企业的管理者和创始人缺乏企业家精神，根本没有长期经营企业的打算，只想挣快钱、挣大钱，有时还会出现赚一大单就跑路的现象，做事没底线、不尊重法律和规则、不重视信用，甚至不惜以身涉险。

B. 存在一夜暴富心态

有些中小企业管理者和创始人心浮气躁，不想踏踏实实做实业，总希望通过资本市场挣快钱，实现一夜暴富，因此不聚焦主业，不关注客户，导致公司口碑变差，失去市场。

C. 不重视管理和风控

有些中小企业管理者和创始人没有接受过系统性的职业化训练，决策凭感觉，喜欢冒险，重销售、轻管理，缺乏风险意识。在企业中，财务管理地位低下，不关注人才培养和服务质量，不重视管理会计的应用。企业发展到一定阶段，就会出现“快马拉破车”的现象。

② 企业“外患”，患在哪儿？

A. 不公平的竞争环境

从企业的“外患”来看，多数中小企业处于不公平的竞争环境中，很多是野蛮生长。

B. 融资难，融资贵

融资难、融资贵，是我国中小企业面临的一大难题。据了解，有一大批中小企业不是死于惨烈的竞争，而是死于高融资成本的拖累。

（5）企业死亡的三大“凶手”

企业死亡的三大“凶手”，分别是：

- 失败的决策；
- 错误的战略；
- 不力的执行。

第二节　管理会计 3 件法宝，决定企业前途

一、管理会计是企业的中枢神经系统

对于企业而言，管理会计的作用相当于中枢神经系统，它可以影响并改变企业的命运，如图 5–10 所示。

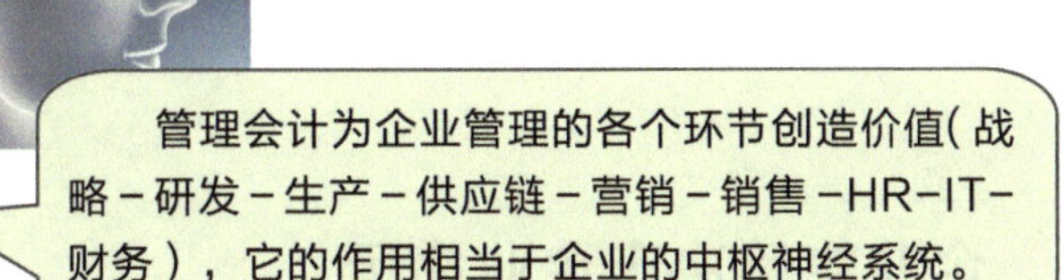

图 5-10 管理会计是企业的中枢神经系统

人的中枢神经系统出了问题就会出现脑梗死、脑出血和偏瘫。企业也是一个道理，如果没有中枢神经系统（即管理会计），就会遭遇“四面埋伏”，导致盈利危机和资金危机，最终走向衰败或死亡。

二、管理会计影响企业命运，靠的是 3 件法宝

用一张图来阐明管理会计如何通过 3 件法宝影响企业命运，如图 5-11 所示。

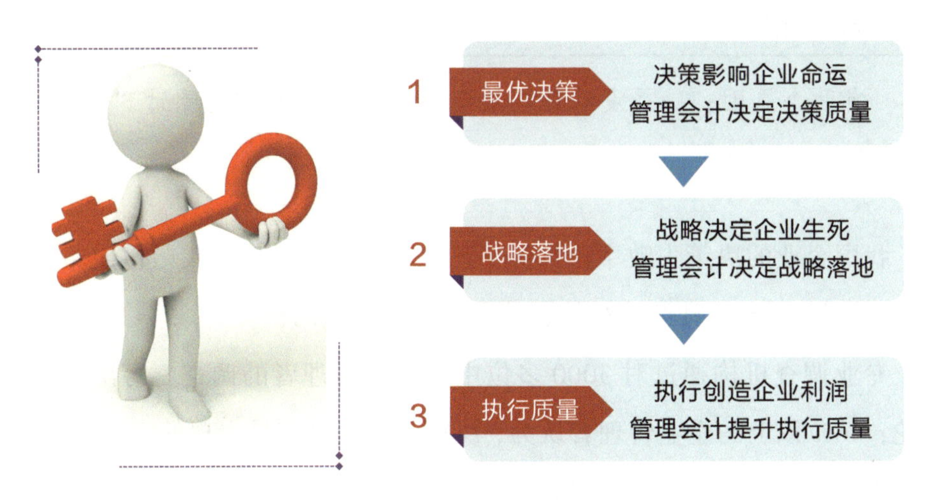

图 5-11 管理会计靠 3 件法宝影响企业命运

第三节 管理会计帮企业制定最优决策

一、企业决策决定企业命运

美国著名管理大师赫伯特·西蒙说过:“决策是管理的心脏。”

*S 果汁“沉船记”就是一个血淋淋的教训，创始人 5 次重大的决策失误，让 *S 果汁从辉煌彻底走向了衰败，可见决策跟企业命运之间的关联。成功的决策能改变企业的命运，失败的决策会把企业推向万丈深渊。

(一)中国企业决策失败率 > 世界平均水平

为什么这么多企业都会犯决策失误?

志英观点

有两个原因：一是没有理性决策思维，二是没有接受过“如何做决策”的正规培训。

我国企业的决策失败率比世界平均水平高，企业家的失败以决策失败为首要原因。*S 果汁跌落神坛，就是决策失败惹的祸。

专业调查机构通过对 3000 多位中国企业管理者的调查，得出了如下结论：46% 以上的企业管理者认为，决策失误是最容易出现的问题。因此，决策失误可以排在所有问题之首。

（二）企业领导决策失误的“6 宗罪”

这些年，笔者为多家企业的董事长及高管上课，在跟他们交流的过程中，发现企业领导决策失误的“6 宗罪”，如图 5-12 所示。

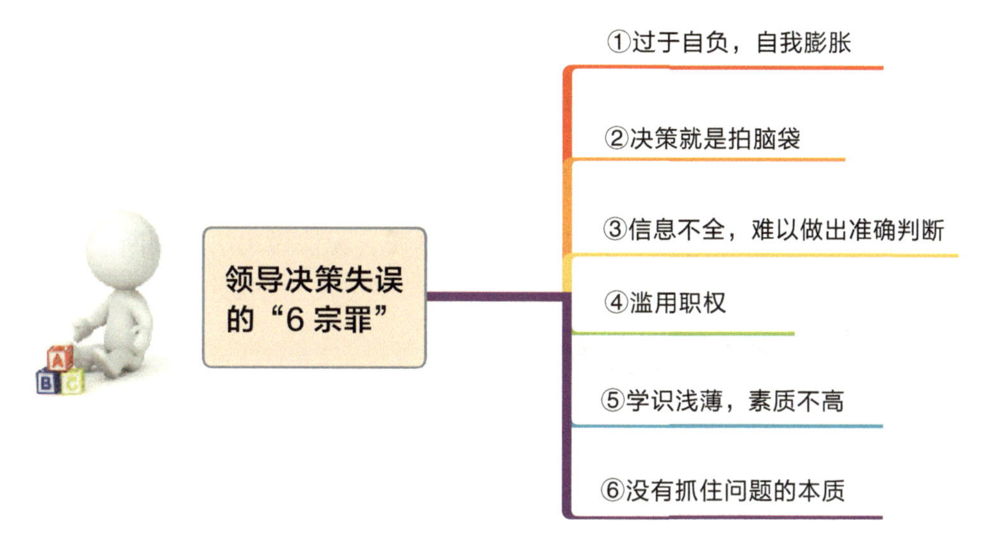

图 5-12　领导决策失误的“6 宗罪”

1 宗罪：过于自负，自我膨胀

过去的成功让决策人认为自己无所不能，做什么都会成功，所以在决策上表现出：独断专行，霸道，对别人的意见嗤之以鼻。

2 宗罪：决策就是拍脑袋

决策人喜欢凭直觉，凭主观臆断做决策，不调研实际情况，不能多听、多走、多看，缺乏客观分析与谨慎论证。

3 宗罪：信息不全，难以做出准确判断

由于掌握的信息、数据和事实不充足、不全面，决策人难以做出正确判断。

4 宗罪：滥用职权

决策人决策判断的出发点，不是站在利他的角度，私欲心比较大，导致决策失误。

5 宗罪：学识浅薄，素质不高

决策人相关知识浅薄，决策能力较差。

6 宗罪：没有抓住问题的本质

决策人缺乏决策思维，认不清问题的本质，无法做出决策判断。

二、管理会计决定决策好坏

决策不是一件容易的事情，它不是简单地在 A、B、C 之间做选择。不做决策，以及凭感觉、拍脑袋定决策，危险至极。

决策的前提是要有决策的标准，把各种可能性纳入思考框架，基于充分的关键信息，在数据分析的基础上，选择最优方案。此外，还需要反过来再验证当初的选择是否正确。因此，决策的质量高低，取决于决策标准、关键信息和决策方法。

管理会计作为决策天然的好帮手，可以帮助企业提高决策质量，进行最优决策的选择。

在企业进行决策前，可以用管理会计的多视角思维、正向逆向思维看问题，运用管理会计的专门工具和方法找到问题之间的彼此关联，透过现象发现问题的本质，在收益、价值、机会、风险和成本之间做权衡，进而做出最优决策。有时，基于管理会计所做的决策判断，会异于一般人的判断。

三、用管理会计为企业制定最优决策

示例背景：

*S 果汁第一次失败决策发生在 2008 年，其急于“嫁给”××可乐，在商务部审批并购交易前，就把跟××可乐重叠的销售渠道砍掉，提早投资 20 亿元在全国各地建厂，提早布局上游种植业。

在商务部否决并购交易后，*S 果汁不得不为自己的鲁莽决策埋单。这不仅造成了 *S 果汁 2008 年净利润大幅下跌 86%，还造成了现金流紧张，不得不举债维持生产经营，进而演变成盈利危机和资金危机。这可谓是一步走错、全盘皆输。

而这一切的罪魁祸首都是 *S 果汁第一次的决策失误。

示例 5-3 解析 

任何一场并购都有做成和做不成之分。*S 果汁在得到商务部正式审批前，应做好通盘计划，比如并购审批通过，应该怎么做；并购审批没通过，又应该怎么做。

笔者用管理会计思维为 *S 果汁绘制了一张“并购成与不成谋略图”，如图 5-13 所示。目的是帮助 *S 果汁决策者进行最优决策选择。

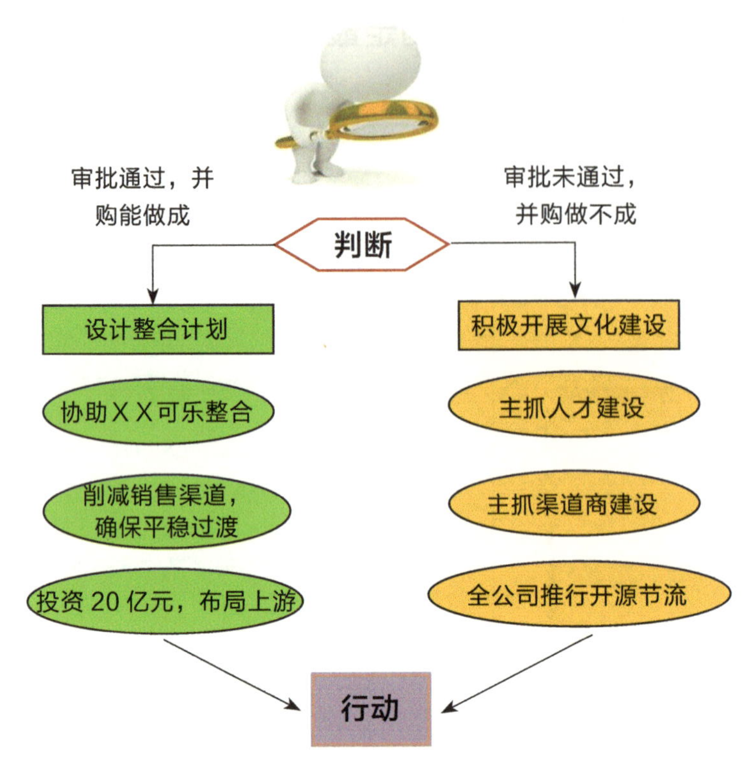

图5-13 *S果汁“并购成与不成”谋略图（©邹志英）

第四节 管理会计为企业匹配最优战略选择

一、战略选择决定企业命运

“1支笔”逻辑判断模型——方向+过程=结果，诠释了方向决定企业的生死命脉，方向错了，一切努力都是白费。而战略就是企业行动的方向，战略选择决定企业命运，它诠释了企业存在的目的。企业能否可持续健康发展，首先取决于是否做出了正确的战略选择。

战略选择是指企业选择做什么以及不做什么。

战略选择要始终围绕着企业的使命和愿景，选择相应的产品或者服务，确定顾客是谁、市场在哪里，明确企业能给顾客提供哪些价值。

二、管理会计决定战略选择

有人一定好奇，管理会计跟企业战略有什么关联？

德鲁克先生告诉我们：“企业存在的唯一目的就是创造顾客。”

好的战略，会以“为顾客创造价值”为导向。当你忘了顾客，顾客也会忘记你。

*S 果汁的一个重大决策失误，就是把它的产品委托给第三方，造成产品质量频繁出现问题，引发消费者投诉和信任危机。从这点上来说，*S 果汁做了错误的战略选择。

现实中，优秀的好战略不多见，失败的坏战略倒是无处不在。可见，做出正确的战略选择并不是一件容易之事。

管理会计作为战略选择和战略规划的好帮手，会运用专门的方法和工具，充分发挥它的六大核心作用，帮助企业进行最优的战略选择，制定行之有效的战略规划，如表 5-1 所示。

表 5-1 管理会计在企业战略选择和战略规划中的六大作用

序号	管理会计发挥的作用	具体描述
1	预测	预测企业的经济前景
2	分析	分析环境带来的机遇和挑战
3	评价	评价过往 3 年的业绩完成情况

（续）

序号	管理会计发挥的作用	具体描述
4	决策	对战略选择方向进行决策
5	衡量 + 决策	衡量企业战略目标的有效性、合理性，并进行决策
6	规划	规划企业战略执行所需要的人财物等资源，编制预算

三、用管理会计匹配最优财务战略选择

企业财务战略的选择，需要审时度势，应衡量企业外部的经济和政治环境，以及企业内部的发展阶段、资金是否充足和管理运营状况，要做到因时、因地、因势和因人。

1. 财务战略铁三角模型简介

无论企业战略是如何制定的，最终它都会落到 3 大财务指标上：收入、利润和现金。我们用一个三角形来表示这 3 个指标，这个模型被称为“财务战略铁三角”，如图 5-14 所示。

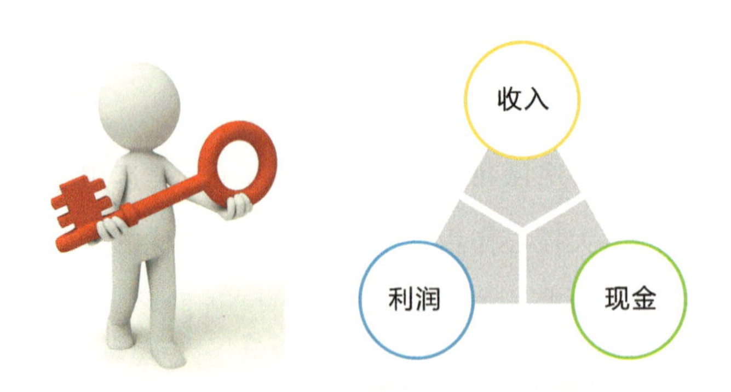

图 5-14 “财务战略铁三角”模型

2. 从“财务战略铁三角”看收入、利润和现金，谁更重要

收入、利润和现金，三者都重要，它们都会影响企业的可持续发展。

那么，究竟谁更重要呢？要具体情况具体分析。如图 5-15 所示。

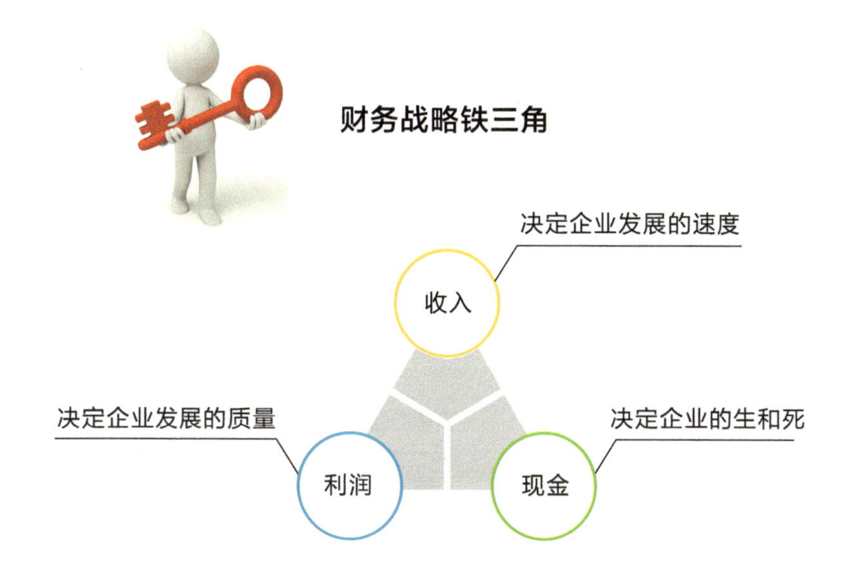

图 5-15 收入、利润和现金的作用

从图 5 -15 中可以看到，企业经营发展的 3 要素。

（1）收入决定速度

收入体现了企业的规模。企业靠收入扩张，收入决定企业发展的速度。

（2）利润决定质量

企业靠利润发展，利润决定企业发展的质量。

（3）现金决定生死

企业靠现金生存，现金决定了企业的生和死。

因此，收入、利润和现金都重要。究竟谁更重要，要看企业所处的环境、所处的阶段和自身的优劣势。同一企业处于不同发展阶段，不同企业处于相同发展阶段，三者重要性的排序也会不同。

用一张图来阐明收入、利润和现金的重要性，如图 5-16 所示。

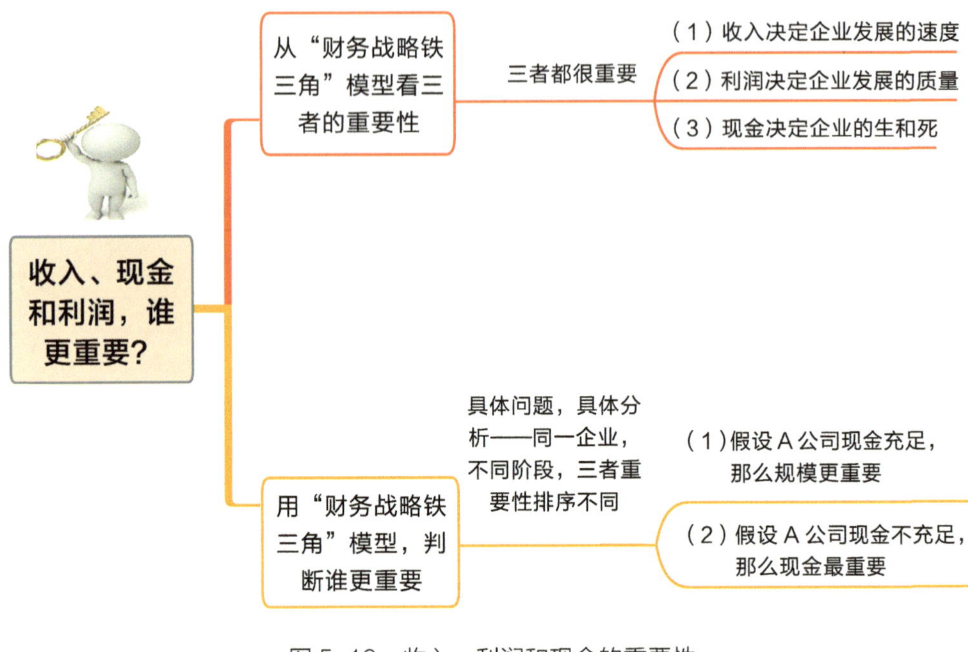

图 5-16 收入、利润和现金的重要性

示例背景：

A 公司成立多年，经历了规模从小到大，发展速度从慢到快到平稳的不同阶段。

收入、利润和现金在 A 公司发展的不同阶段扮演着举足轻重的角色，但环境不同、阶段不同、A 公司掌握的资源充足程度不同，三者的重要性排序，也是不一样的。

示例 5-4 解析

两大疑问

假设 1：A 公司处于快速成长期，现金充足，国家经济环境稳定

如何为 A 公司匹配合适的财务战略呢？

不断扩大市场规模，尽快巩固 A 公司在市场中的竞争地位。

收入、利润和现金，对于此时的 A 公司而言，收入最重要。

假设 2：A 公司现金不充足，经济不景气，靠借钱维系经营，但依然处于快速成长期

如何为 A 公司匹配合适的财务战略呢？

紧盯现金流，练好内功，打好管理基础，梳理内部流程，等待机会。

收入、利润和现金，对于此时的 A 公司而言，现金最重要。

因此，收入、现金和利润谁更重要呢？这取决于企业所处的经济周期、发展阶段和拥有的资源。这三个要素相互促进，也相互制约。

第五节　管理会计帮企业打造最优执行力

一、执行质量决定企业命运

在这个充满竞争的世界里，有的企业如日中天，已成长为参天大树；有的企业艰难求生，没活多久就夭折了。做同样的事情，优秀的企业却比别人做得更好，落实更到位、更迅速，能够从激烈的竞争中脱颖而出、独占鳌头，靠的就是企业的执行力。

二、管理会计决定执行质量

管理会计跟企业执行有什么关联呢？

企业完成了战略选择和战略规划后，接下来要做的事情就是执行。

执行需要建立行之有效的执行管理机制，确保战略目标落到实处。此时，企业需要用管理会计做预算目标分解，做动因分析，制定内控流程，控制执行风险，评价业绩完成好坏，据此进行奖惩。

管理会计在企业执行管理中发挥着五大作用，如表 5-2 所示。

表 5-2　管理会计在企业执行管理中的五大作用

序号	管理会计发挥的作用	具体描述
1	评价	评价战略目标的完成情况
2	分析	分析业绩完成的好坏，以及好坏背后的动因，提出建议
3	衡量	衡量风险出现的概率和损失程度

（续）

序号	管理会计发挥的作用	具体描述
4	控制	评估企业战略规划执行中的风险、挑战，通过制定行动路线和改善措施，控制执行风险
5	决策	根据分析、评估建议，进行最优行动方案的选择和决策

企业只有做出正确的战略选择决策，建立行之有效的战略规划和执行管理机制，确保执行到位，才能赢得永续发展，迈向新征程。

三、用管理会计打造企业最优执行力

用管理会计打造企业最优执行力的最佳方法，就是建立一套行之有效的执行管理系统。其中，管理会计的经营分析扮演着举足轻重的角色，它相当于企业的“扫描仪”，让企业的优缺点一览无遗。

不同于传统意义上的财务分析，管理会计经营分析面向的对象是企业的董事会、高管层和业务部门管理者，针对企业战略执行情况、业务运营情况、财务管理水平、绩效管理、人均产能和内部治理等情况，做综合分析，精准定位问题根源和责任人，对症下药。

示例背景：

业财融合的最佳纽带，T集团管理会计经营驾驶舱。

T 集团根据自身战略特点和经营特色，从无到有，设计了符合公司特点的管理会计经营驾驶舱，如图 5-17 所示。

T 集团的管理会计经营驾驶舱，不仅是 T 集团战略落地的最佳工具，还是“业财融合”的最佳纽带。它帮助业务部门通过动因分析，精准定位问题，精准制定解决方案，促进 T 集团战略落地、提升执行力，帮助 T 集团经营走向成功，深受董事会、高管层和业务部门管理者的青睐。同时，它还帮助 T 集团的财务部门从极其弱势的部门转变为受人尊敬的部门。

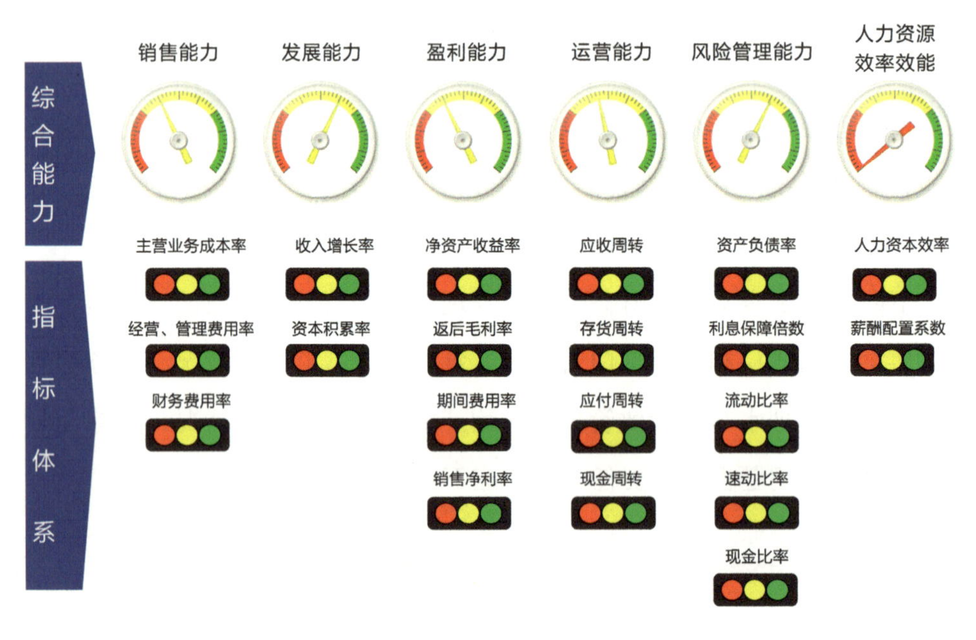

图 5-17　T 集团管理会计经营驾驶舱（©邹志英）

思维导图

内容概要

问题
思考

第三部分

管理会计的未来及展望

志英
观点

你有答案了吗？邀请你继续阅读

第六章

人工智能时代，管理会计的五大应用趋势

内容概要

本章以“1 页纸”思维导图开篇，穿插了 10 张图和 2 张表和 5 个示例，基于作者对管理会计 20 多年的实践体会、潜心研究，以及对管理会计与企业数字化转型结合的观察，提出了管理会计的五大应用趋势，尤其是对管理会计“三维应用场景”的形象描述别具一格，让你领略不一样的管理会计、不一样的应用方式，不一样的思想格局！

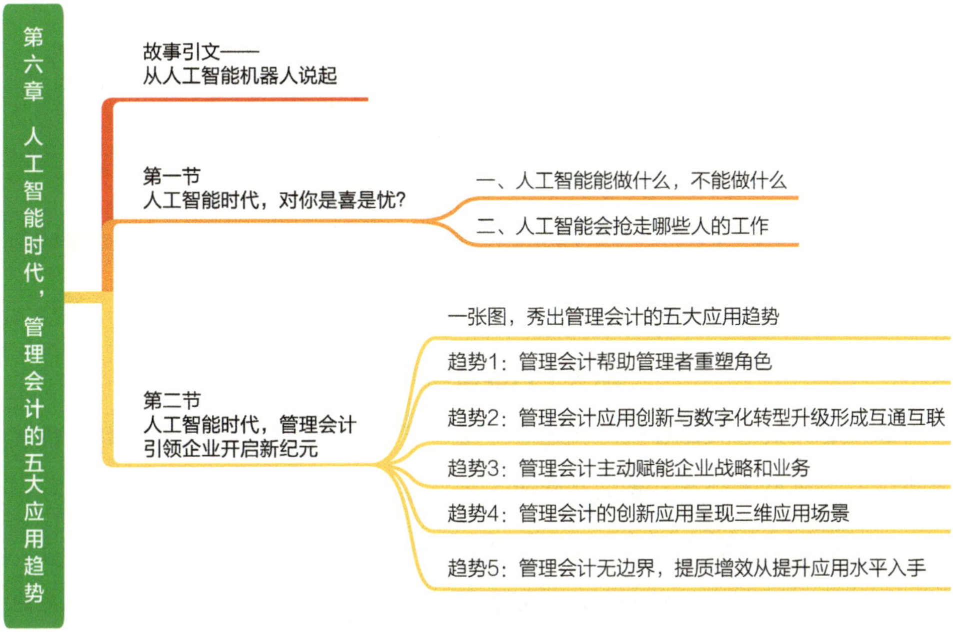

第六章 人工智能时代，管理会计的五大应用趋势

- 故事引文——从人工智能机器人说起
- 第一节 人工智能时代，对你是喜是忧？
  - 一、人工智能能做什么，不能做什么
  - 二、人工智能会抢走哪些人的工作
- 第二节 人工智能时代，管理会计引领企业开启新纪元
  - 一张图，秀出管理会计的五大应用趋势
  - 趋势1：管理会计帮助管理者重塑角色
  - 趋势2：管理会计应用创新与数字化转型升级形成互通互联
  - 趋势3：管理会计主动赋能企业战略和业务
  - 趋势4：管理会计的创新应用呈现三维应用场景
  - 趋势5：管理会计无边界，提质增效从提升应用水平入手

志英观点

我们正处于移动互联网+大数据的时代。数据的竞争，不在于掌握了多么庞大的信息，而在于如何通过专业有序的方法，快速、有效地加工信息，满足各类人群的需求。这其中，管理会计发挥着重要的分析、预测、控制、决策等作用，它必将引领企业开启新纪元！

故事引文

从人工智能机器人说起

我们曾经认为人工智能时代遥不可及，可转瞬间，各种人工智能的产物就层出不穷，已经逐步走入我们日常的工作、生活中，被大众所知、所用。可以说，人工智能正在迎来它的快速增长期。

比如说，5 年后，你能分清坐在你身边的是真人还是智能机器人吗？再比如说，2019 年 3 月，新华社推出了“全球首个人工智能合成主播”，逼真的形象和流畅的播报，怎么看都像是一个真人。

人工智能时代到来，企业如何适应新时代的发展要求，将新一代信息技术与企业经营管理有机结合，进行数字化转型升级？企业路在何方？现代管理会计作为企业经营管理转型的关键抓手，如何引领企业开启新纪元？管理会计又将扮演何种角色？管理会计将会呈现哪些应用趋势？

这些都是摆在中国企业面前的重要课题，也是管理会计师们要面临的新挑战。

知识链接

什么是人工智能?

简称AI，它的使命是了解智能的实质，生产出智能机器，对人的意识、思维的信息过程进行模拟，它的研究领域包括：机器人、语言识别、图像识别、自然语言处理和专家系统等。

第一节 人工智能时代，对你是喜是忧

新冠肺炎疫情下，每家企业都生存维艰，姿势正确的企业才有生存空间。

立足于2021年，盘点过去的2019年和2020年，中国发生了不少翻天覆地的变化，以大数据、人工智能、区块链等为核心的新一代信息技术迅猛发展，对企业战略发展、业务运营、流程再造、管理创新等都提出了巨大挑战，也带来了更大机遇。

一、人工智能能做什么，不能做什么

相信很多人跟笔者一样，对人工智能和机器人的认识来自于2008年美国动画电影《机器人总动员》。影片讲述了2700年，地球被人类祸害成巨大的垃圾场，人类不得不大举迁移到别的星球，并委托一家机器人垃圾清理公司善后。之后，清扫型机器人瓦力偶遇并爱上了机器人伊娃。伊娃在经过了反复搜索和精确的计算后，找到了地球复苏的证据。于是瓦力追随着伊娃，展开了一次穿越整个银河系、最令人兴奋也最具有想象力的奇幻旅程。看完影片后，很多人情不自禁地对未来的人工智能时代有着诸多美好的畅想。

知识链接

什么是机器人？

机器人不同于人工智能，它是人工智能的载体，是拥有机械结构且能够工作的仿人机械装置。

李开复老师曾预言：未来 10 年内，人工智能将越来越强大，日常中 50% 的工作都将被人工智能所取代，可能会有不少人将面临失业风险。所以说，如果人工智能太过于强大，它能像人类那样思考，甚至超过人的智能，那这份美好与感动是否会让人由好奇转变成担忧和恐惧呢？未来我们的工作会不会被机器人抢走？会不会有一天人工智能开始控制人类？其实，只要我们看清人工智能的本质，便会更加理性地拥抱与迎接这一时代的到来！

人工智能究竟能做什么，不能做什么，如图 6-1 所示。

从图 6-1 中可以看出，人工智能不擅长做创造性、决策性、复杂性和战略性的工作。由于人工智能没有情感，所以人工智能也不擅长做人性化的工作。具体来说，有 3 类工作不用担心受到人工智能的威胁：

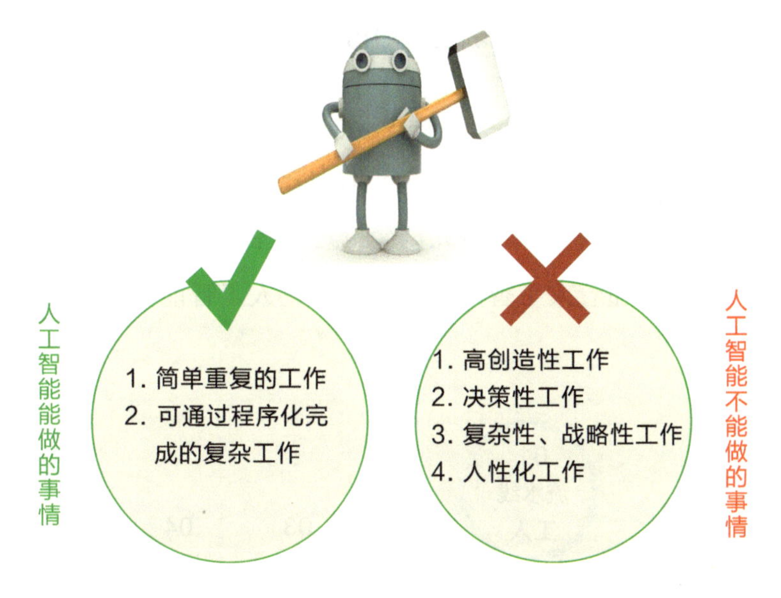

图 6-1　人工智能能做的事和不能做的事

（1）创造性工作，比如科学家、专业研究员、发明者、小说家、剧作家、公关专家、企业家、艺术大师等从事的工作，因为人工智能不擅长提出新概念，所以它无法进行高创造性工作。

（2）复杂性、战略性工作，比如 CEO、CXO（首席体验官）、管理会计师、外交官、经济学家、谈判专家、并购专家、投资人等从事的工作，这些工作都需要了解专业领域，需要进行战略性决策，所以对于人工智能来说，即使是了解了常识也很困难。

（3）富有同理心的工作，比如心理咨询师、人力资源管理者、情感顾问、社工、教师等从事的工作，因为人工智能没有人类的情商，无法审时度势，根据实际情况处理人性化任务，所以要代替这些工作也非常难。

二、人工智能会抢走哪些人的工作

2016年，谷歌人工智能 Alpha Go 与韩国职业围棋手李世石的一场人机大战，引发万人瞩目。随着人机大战的白热化，人工智能取代人类的担忧再一次被提及，那么人工智能究竟会抢走哪些人的工作呢?

图6-2展示了随着人工智能的深入应用，人工智能会代替人类的一些工作。

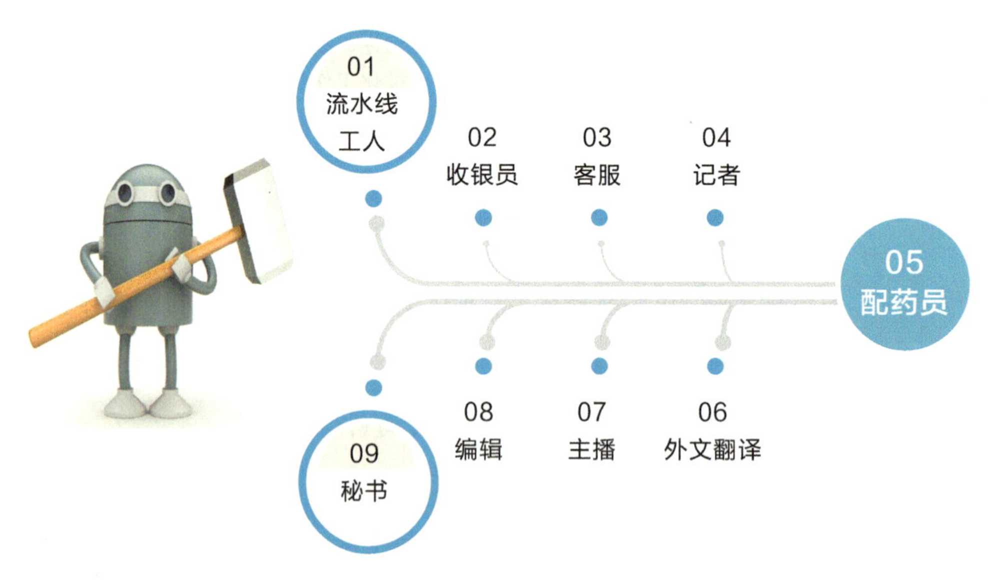

图6-2　人工智能会抢走哪些人的工作

以下列举5个真实的案例：

示例6-1　人工智能会代替流水线工人

几年前，笔者在给上汽大众的管理者授课期间，顺道参观了他们的工厂，看到了一个全是智能机器人的生产车间。在汽车生产过程中，汽车产生的各类数据信息被实时收集，并传输至数据平台储存，实现系统集成、数据协同，构建智慧工厂管理平台，打通信息流，实现从设计、生产到销售各个环节的互联互通。

智能流水线会让生产工人从重复劳动中解脱出来，不仅可以降低劳动力成本，还可以更加高效地工作，因为机器人每时每刻都可以工作。

示例 6-2 人工智能会代替收银员

2016 年 12 月，世界电商巨头亚马逊在美国西雅图开设了一家革命性的线下实体商店——Amazon Go。这家店彻底抛弃了传统超市的收银结账过程，顾客无需排队等待结账，只需拿着想要的东西，走出商店即可。

有人一定会好奇：这是如何做到的？

揭开背后的秘密，原来它跟人工智能有着紧密关联。亚马逊将传感器和人工智能算法应用于便利店的购物环节，当顾客购物时，会用智能手机打开模拟购物篮，然后传感器会伴随顾客的移动，追踪商品的位置，当顾客将所选商品放进购物篮后，系统会自动识别，对被带走的商品计价，购物单随之会在智能手机上自动弹出。

示例 6-3 人工智能会代替客服

现如今，人工智能应用于客服服务已经越来越普遍。不知你有没有注意到，最近老百姓给国内的多数银行打电话咨询业务，基本上接电话的都是智能客服。比如，有一次，笔者的同事想咨询招商银行对公业务的网银操作程序，在线智能客服给予了很多有用的操作指导。

智能客服的优势在于可以解放人力、提高效率、节约企业成本、改善用户和员工体验、贡献收入增长，这是很多企业选择它的原因。

示例 6-4 人工智能会代替记者

2015 年 9 月，腾讯尝试启用写稿机器人，发表简单的财经新闻，之后新华社启用了写稿机器人“快笔小新”，用来撰写体育赛事的中英文稿件和财经信息稿件。

2016 年 3 月，韩国《金融新闻》编辑部正式启用了一名人工智能记者，这名智能记者在每天股市收盘时，会根据韩国证券交易所的数据，用时 0.3 秒便可以完成一篇股市行情的新闻报道。当看完文章后，多数读者无法分清文章到底是人写的还是机器人写的。

人工智能机器人的出现，喜的是，将记者从基础、繁重的工作中解放出来，可以更加专注于文章的深度创作方面；忧的是，这无疑对记者行业是一个巨大的冲击，在未来，很多从事一般性报道的记者会失业。

示例 6-5 人工智能会代替配药员

知嘛健康是百年老字号同仁堂打造的一家新型养生门店，横跨象、食、养、医四大产品与服务。前段时间，笔者与朋友一起走进同仁堂知嘛健康大兴旗舰店，看到了配药机器人的全部配药过程，印象深刻。

比如，顾客在门店购买乌鸡白凤丸时，配药机器人会通过视觉系统，对药单上的药进行自动识别、检测，然后精准地找到该药的货柜取药、送药，全程时间在 1 分钟之内。这样做不仅可以大量节约人力，还可以极大地降低取药时间、提高效率、降低人为的拣药错误。

从以上这些案例，我们不难看出，人工智能的核心要素是大数据和算法，这意味着在当今时代，谁掌握了数据，谁就掌握了未来。而数据的竞争，不在于掌握了多么庞大的信息，而在于如何通过专业有序的方法，快速、有效地加工信息，满足各类人群的需求。这其中，管理会计发挥着重要的分析、预测、控制、决策等作用，它必将引领企业开启新纪元！

第二节　人工智能时代，管理会计引领企业开启新纪元

我们正处于移动互联网 + 大数据的时代，以大数据、人工智能、区块链等为核心的新一代信息技术迅猛发展，企业之间不再单纯是产品、服务、技术和人才之间的竞争，而应是数据的竞争。

一张图，秀出管理会计的五大应用趋势

很多企业为了迎接新的机遇和挑战，纷纷拥抱数字技术、人工智能和新商业模式，踏上转型之路，寻求新的价值增长点。

基于对管理会计 20 多年的实践体会、潜心研究，以及对管理会计与企业数字化转型结合的观察，笔者认为管理会计的应用将呈现出五大发展趋势，如图 6–3 所示。

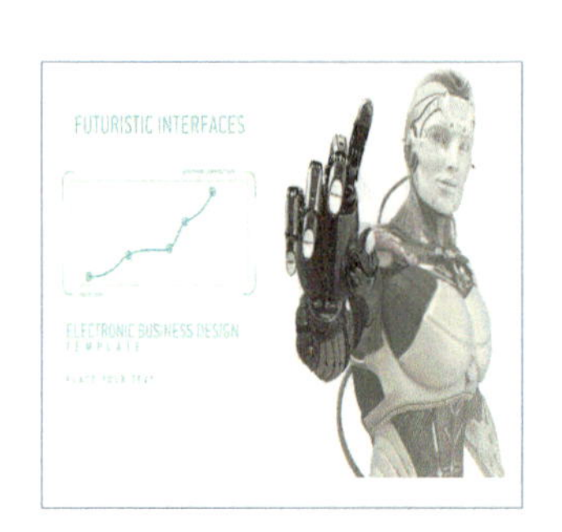

1. 管理会计帮助管理者重塑角色
2. 管理会计应用创新与数字化转型升级形成互联互通
3. 管理会计主动赋能企业战略和业务
4. 管理会计的创新应用呈现三维应用场景
5. 提质增效从提升应用水平着手

图 6-3　管理会计的五大应用趋势

趋势 1：管理会计帮助管理者重塑角色

人工智能理念自诞生以来，理论和技术日益成熟，应用领域也不断扩大。比如智能医疗、智能家居、无人银行、无人超市、无人驾驶、无人酒店、无人餐厅、无人配送机器人等。

人工智能机器人的应用离我们的工作、生活越来越近，尤其是伴随着新冠肺炎疫情的发生、发展，它的应用和推广加速，给传统行业，尤其是劳动密集型行业，带来了颠覆性的改变。

这些人工智能技术的应用，如同硬币，也有双面性。

（1）人工智能技术带给企业的机遇和好处

从好的方面来说，人工智能技术给一些行业和企业带来了巨大变化。传统的经营模式需要消耗大量的人力物力，而智能机器人可以担负起企业内部很多低价值和重复性的工作。从应用的结果上看，人工智能比传统的人工方式更高效。

（2）人工智能技术带给管理者角色重塑的挑战

人工智能技术的应用，给很多企业管理者带来了冲击和挑战。无论是企业的经营决策者，还是职能部门（财务、人力资源、销售、技术、研发等）的管理者，都面临着角色将要被重新塑造的机会和挑战。

美国著名的管理大师西蒙教授认为："管理者最重要的角色就是制定决策。"

对于管理者来说，做出正确决策或者进行正确的决策选择，都是巨大的考验。这要求管理者必须具备强大的数据分析与判断能力、系统思考与决策能力，才能在面对不确定性选择时做出最优决策。

然而，在现实世界中，不会做决策、凭感觉拍脑袋做决策的管理者大有人在，错误的决策方式必然导致失败的决策结果，失败的决策结果又造成了企业的失败。

而管理会计为决策而生、为价值而战的特点，正好迎合这个时代的发展要求。它可以帮助管理者重塑管理角色，运用管理会计思维做出最优决策。

企业管理者用管理会计思维做决策的好处体现在：管理者可以全方位地在回报、付出和风险三要素间进行权衡，如图 6-4 所示。

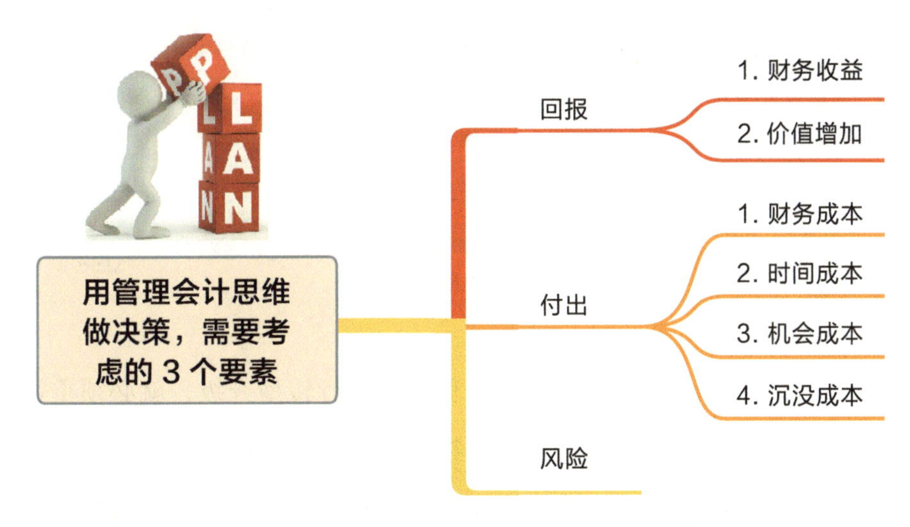

图 6-4　管理者用管理会计思维做决策时需要考虑的 3 个要素

人是企业的第一生产力，管理会计可以帮助企业不同层级、不同领域的管理者，重塑管理角色，它也必将引领企业开启新纪元。

趋势 2：管理会计应用创新与数字化转型升级形成互联互通

在数字化转型阶段，企业要想跟上时代步伐，不仅要判断企业的价值增长点在哪里，还要思考如何利用数字化技术进行转型升级。

管理会计作为数字化工具和手段的“代表”，它具有跨界融合以及跟不同学科互联互通的特点，正好可以成为企业顺应时代发展、进行数字化转型升级的关键抓手。尤其是在解决企业难题和管理者痛点上，管理会计发挥了重要的作用，如表 6-1 所示。

表 6-1　管理会计解决企业难题和管理者痛点

序号	企业普遍存在的问题	管理者普遍存在的痛点	管理会计的做法
1	销量下滑	找不到确切原因	精准分析
2	业绩评价和考核难	不知如何科学、客观地评价业绩的好与坏	精准评价
3	业务发展缓慢	不能准确判断企业未来的发展空间在哪里	精准预测
4	销售费用高于竞争对手	不知如何做到既减少销售费用又不会带来销售收入的下降	精准决策
5	盈利状况不佳	不确定如何开展有效的开源和节流	开源节流规划
6	产品质量风险	如何在不增加生产成本的前提下，有效地控制产品质量风险	精细控制

因此，企业若想运用数字化工具和手段进行转型升级，就必须重视管理会计在企业供、产、销、人、财、物等不同领域的应用创新，形成有效而严密的管理会计体系，与其他管理领域网格化，做到万物互联互通。

趋势 3：管理会计主动赋能企业战略和业务

伴随着人工智能技术的日趋成熟和广泛应用，无处不在的信息技术让行业边界、组织边界和职能边界发生了改变。

为了应对变化，企业必须运用数据，制定精准决策，创新商业模式、产品和服务，规划资源，提升效率，打开边界，而管理会计正好可以成为企业跨界融合、互联互通、进行数字化转型升级的关键抓手。

在这个发展的新时代和新阶段，管理会计会更多地融入企业的战略规划、产品设计、品质管理、模式创新、资源配置、风险管控等应用领域中。大数据时代为充分发挥管理会计的预测、分析、规划、控制、决策和评价作用提供了重要支撑。

数据和信息是企业分析问题和进行决策的基础。而企业传统的信息系统，由于核算单位不够细小，数据颗粒度不够细致，信息采集和数据加工不够迅速，导致管理会计的作用不能及时、高效地发挥。

人工智能时代的到来，加速了数字化的进程，提升了数据提取的速度，使管理会计与战略规划和业务经营的融合变得更加紧密。

这使得管理会计能够更多地应用于企业内部价值链中的不同环节、不同业务场景，通过分析、预测、规划、决策、控制和评价，及时捕捉价值创造点，去除不增值或低价值的非关键环节，做好企业当前经营和长期规划的经济前景预测，帮助企业在复杂多变的宏观经济形势下分析利弊，把握发展方向，管控风险，最大化地提升企业盈利能力，如图 6–5 所示。

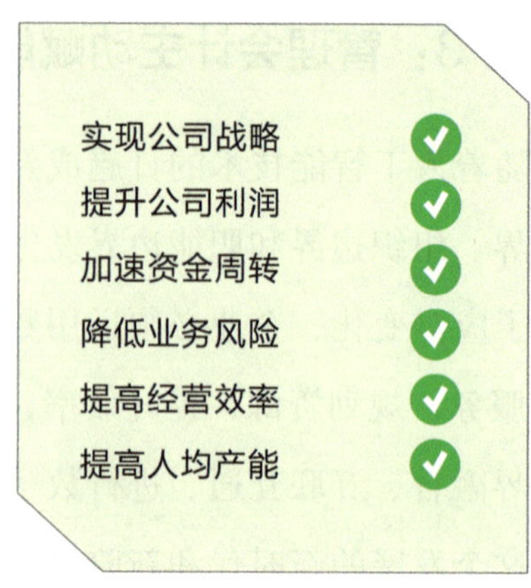

图 6-5　管理会计带给企业战略和业务的六大价值

趋势 4：管理会计的创新应用呈现三维应用场景

（1）一张图，秀出管理会计三维应用场景

随着人工智能时代的到来，传统管理会计会向战略型、经营型和创新型管理会计转移。随着人们对管理会计的深入了解、不断实践和不断总结，管理会计的创新应用将呈现三维应用场景，如图 6-6 所示。

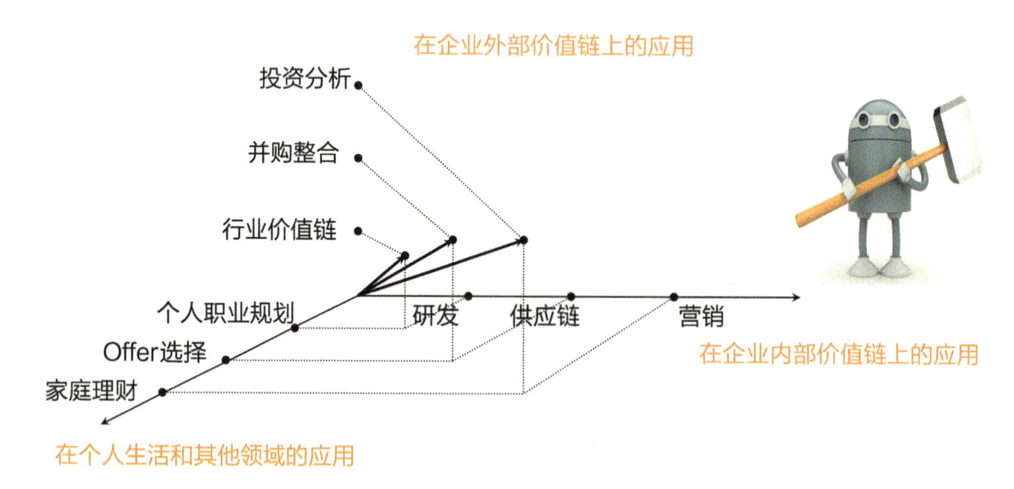

图 6-6　管理会计的三维应用场景（©邹志英）

（2）一维场景：在企业内部价值链上的应用

企业从它的供应商采购原材料开始，到为客户提供产品及服务为止，这中间会经历研发、设计、采购、生产、销售、服务等不同环节。在整个链条中，管理会计可以发挥价值创造和价值提升的作用，这就是管理会计的一维应用场景，如图 6-7 所示。

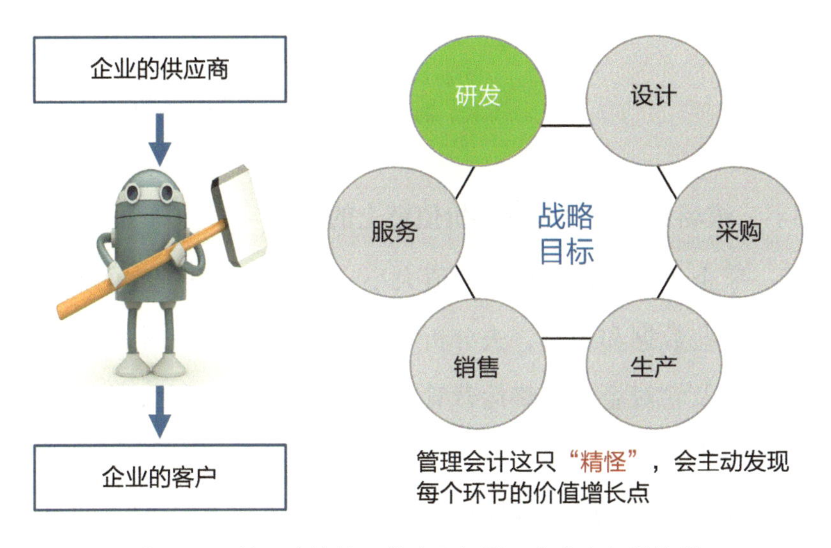

图 6-7　管理会计的一维应用场景：企业内部价值链

根据企业的战略选择和目标，通过分析、预测、规划、决策、控制和评价，分析每一个环节，识别能够提升客户价值、降低企业成本、提升盈利的价值增长点，据此提出建议，帮助企业捕捉机遇、优化资源配置和规避风险点，最大化地提高企业的收入和降低企业的成本，从而从根本上提升企业的核心竞争力，赢得永续发展，如表 6-2 所示。

表 6-2　管理会计在企业内部价值链中的价值

序号	内部价值链中的不同环节	管理会计的价值
1	研发	分析产品的生命周期成本，控制研发风险

（续）

序号	内部价值链中的不同环节	管理会计的价值
2	设计	分析产品的设计成本，确定产品目标成本
3	采购	分析供应链成本，优化供应链成本结构和管理效率
4	生产	分析生产成本，降低浪费，控制产品质量风险
5	销售	盈亏平衡，本量利分析，控制销售风险，设计盈利模式，预测收入增长空间，评价业绩好坏
6	服务	分析顾客的盈利性，分析服务成本和回报，控制客户风险，制定顾客价值的核心指标评价体系

（3）二维场景：在企业外部价值链上的应用

对于一家企业而言，分析其价值大小，要看它公开披露的财务报表。我们会基于一些数据和逻辑，去分析它的盈利模式、它在行业价值链中所处的位置，以及它对企业战略运营管理的驾驭能力。因此，分析企业外部价值链就变得十分重要了。

管理会计的创新应用，不局限在企业内部价值链上的研发、设计、采购、生产、销售、服务等环节中，还在向企业外部价值链延伸，如图 6-8 所示。

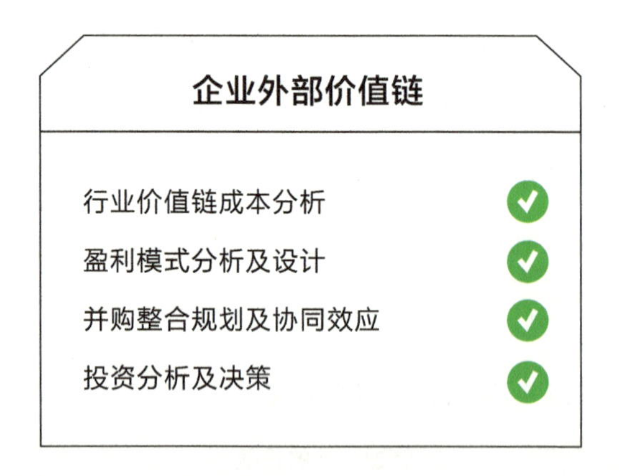

图 6-8　管理会计的二维应用场景：企业外部价值链

从图 6–8 中可以看到，在管理会计的二维应用场景中，通过分析、预测、规划、决策、控制和评价，找到价值增长点，据此提出建议，帮助企业捕捉机遇，重新优化和设计盈利模式，规避风险点，最大化地提升企业价值。

（4）三维场景：在个人生活和其他领域的应用

随着人们对管理会计的深入了解以及应用水平的提升，管理会计的创新应用还会向个人生活和其他领域延伸，如图 6–9 所示。

在工作和生活中，管理会计无处不在。跨界融合、互联互通是它的最大特点，它可以把每个人变成合格的决策者、规划者，这正体现了管理会计的独特魅力。

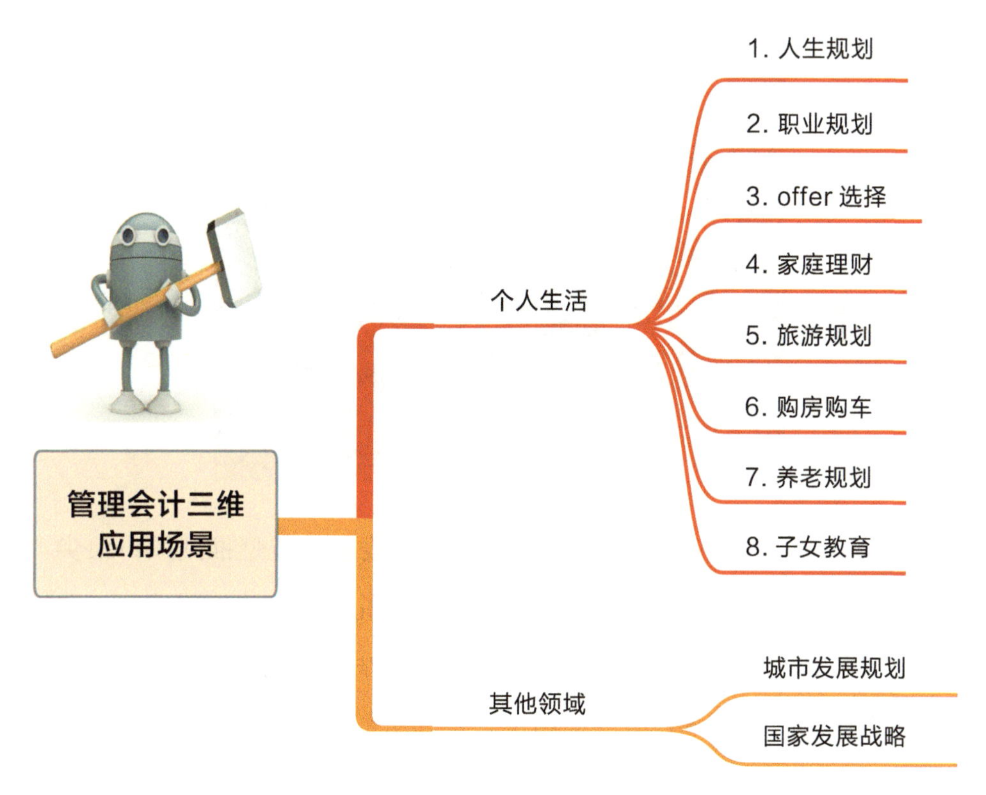

图 6–9　管理会计的三维应用场景：个人生活和其他领域

趋势5：管理会计无边界，提质增效从提升应用水平着手

中国的很多企业都行走在野蛮生长和粗放管理的赛道上。而今，巨头的垄断、行业的激烈竞争、消费的升级和成本的不断上升等，使得多数企业生存的空间变得越来越狭小。

人工智能时代的到来，逼迫企业必须要做好数字化转型。数字化、5G以及移动技术的聚合，正以全新的方式颠覆着原有的组织关系和组织模式。伴随着人工智能技术的发展，企业的组织边界正在变得越来越模糊。

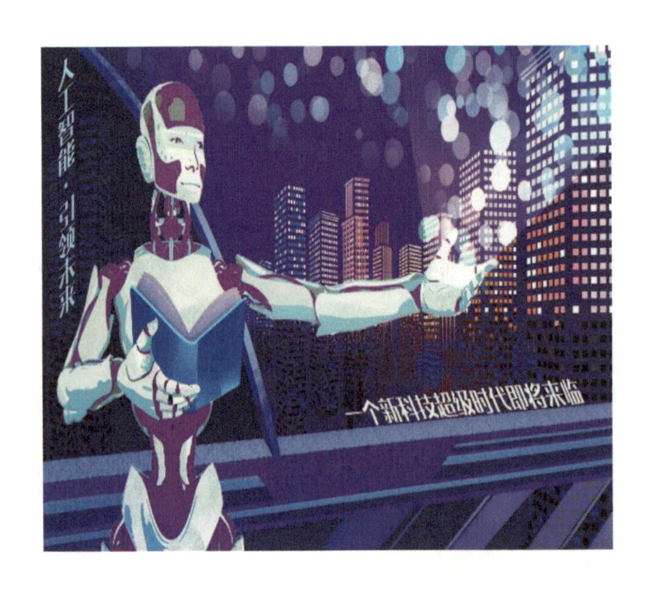

2020年，新冠肺炎疫情的突袭，将企业数字化转型推到风口浪尖。企业为了迎接美好的明天，必须积极拥抱数字化，实现生产模式、经营模式、管理模式与商业模式的升级变革，变胡乱决策为精准决策，告别简单粗放的营销模式和管理模式，向精准营销和精细管理迈进。

企业管理的方式和手段也需要与时俱进。管理会计兼具管理的职能和

数字化衡量的特质。从这个角度来看，管理会计很难被精准定义，而唯一不变的就是为企业创造价值和提升价值。

管理会计不仅仅是一门学科，也是一门科学、一门艺术、一种管理思想、一种思维方式，更是一种综合管理体系。它就像“水”一样，在不同的容器中，呈现出不同的形状和姿态。可见，管理会计是无边界的。

管理会计不仅可以在企业供、产、销、人、财、物等不同领域中发现价值创造点，还可以帮助管理者进行最优决策。所以，企业要想提升核心竞争力和盈利水平，延长企业寿命，就要从提升管理会计的应用水平入手。管理会计能带给企业5大价值，如图6-10所示。

序号	管理会计应用	
1	分析	分析问题原因
2	评价	评价业绩好坏
3	预测	预测经济前景
4	规划	规划经营活动
5	决策	平衡回报、付出和风险，做出最优决策
6	控制	控制经济活动过程

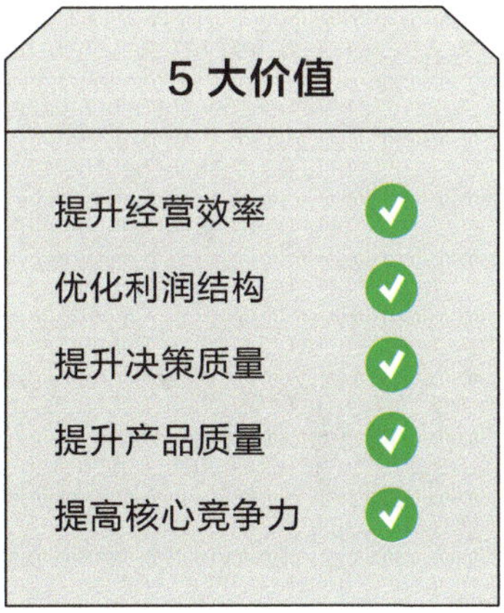

5大价值
提升经营效率 ✓
优化利润结构 ✓
提升决策质量 ✓
提升产品质量 ✓
提高核心竞争力 ✓

图6-10　管理会计带给企业的5大价值

所以说，管理会计的前景一片光明，你若芬芳，蝴蝶自来！

附　录

思维导图

内容概要

问题思考

志英观点

你有答案了吗？邀请你继续阅读

附录 A

志英十一大观点简介

观点 1

财务会计帮企业数钱，管理会计帮企业赚钱。管理会计是一门帮助企业实现战略、提升经营业绩和质量、进行最优决策、控制经营风险的学问。

来源：第一章

观点 2

管理会计有六大特征，分别是分析、预测、规划、决策、控制和评价。用好管理会计可以帮助企业用好钱、钱生钱，找到企业在市场中的最佳位置，赢得永续发展。

来源：第二章

观点 3

管理会计是无边界的，企业若想提质增效、塑品牌、运用数字化进行转型升级，就要从提升管理会计的应用水平入手，让管理会计成为企业经营管理的通用语言。

来源：第三章

观点 4

管理会计可以为企业的战略、研发、设计、采购、生产、销售等不同环节，创造价值，提升效率。

来源：第三章

观点 5

管理会计不只是财务的事，它跟每个人都有关联。人人面临做决策，管理会计可以帮助个人做出最优决策，所以人人都要有管理会计思维。

来源：第三章

观点 6

不论企业大小，是否需要上市，管理会计都能帮上忙。对于大企业，管理会计可以帮助它转型升级，扭亏为盈，激活个体细胞，让员工实现自动自发；对于小企业，管理会计可以帮助它提升核心竞争力，延长寿命。

来源：第三章

观点 7

财务会计数钱，管理会计赚钱，但不代表财务会计不重要。

来源：第三章

观点 8

决策做不好，会将企业带入万丈深渊。管理会计的价值就在于帮企业权衡收益、价值和风险，抓住关键要素，剔除不利因素的干扰，运用数字化工具，做出明智决策，帮助企业成功实现目标，做大做强。

来源：第四章

观点 9

失败的决策、错误的战略、不力的执行是导致企业死亡的三大“凶手”。管理会计是企业的中枢神经系统，通过管理会计的思维、方法和工具，可以帮助企业制定最优决策，进行最优战略选择，打造最优执行力，为企业赢得永续发展。

来源：第五章

观点 10

管理会计能为企业管理的各个环节创造价值（战略－研发－生产－供应链－营销－销售－HR－IT－财务），它的作用相当于企业的中枢神经系统。

来源：第五章

观点 11

我们正处于移动互联网＋大数据的时代，数据的竞争，不在于掌握了多么庞大的信息，而在于如何通过专业有序的方法，快速、有效地加工信息，满足各类人群的需求。这其中，管理会计发挥着重要的分析、预测、控制、决策等作用，它必将引领企业开启新纪元！

来源：第六章

附录 B

新理念、新方法、新模型简介

1. 新理念：管理会计的底层逻辑

管理会计的底层逻辑是以实现企业战略目标为使命，以价值创造和价值提升为中心，使用创新思维和工具，不断发现问题、分析问题、解决问题，为企业、部门和个人提供最优决策支持和建议，引领企业和业务前行，如图 B-1 所示。具体内容，详见本书第一章第二节。

管理会计的思维模式

√ 要想让鱼店赚钱，兄弟俩每月要完成的最低任务是多少？

√ 如何评价兄弟俩工作的有效性？

√ 如何激励兄弟俩完成更多的任务？

图 B-1　管理会计的底层逻辑

2. 新理念：管理会计关注的时效

管理会计关注的是“一整条线”，基于历史数据，剖析过去、掌握现在、并预测未来。它不会像财务会计那么“呆萌”，被人称作“精怪”——喜欢面向未来，如图 B-2 所示。具体内容，详见本书第一章第二节。

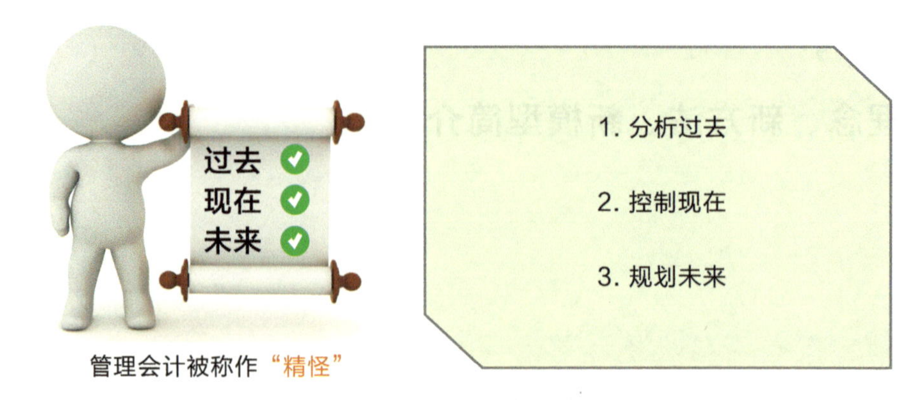

图 B-2　管理会计关注的时效

3. 新理念：用 5W1H 法介绍管理会计知识

将管理会计常识跟 5W1H 工具结合，更利于读者快速掌握管理会计的知识和方法，快速阅读、快速记忆，更容易帮助读者形成逻辑化思考，提升逻辑推理能力和分析判断能力，如图 B-3 所示。具体内容，详见本书第一章第三节。

图 B-3　用 5W1H 法介绍管理会计知识

4. 新方法：用动因分析法分析企业销量为何下滑

用动因分析法分析鱼店销量下滑的原因，如图 B-4 所示。具体内容，详见本书第二章第二节。

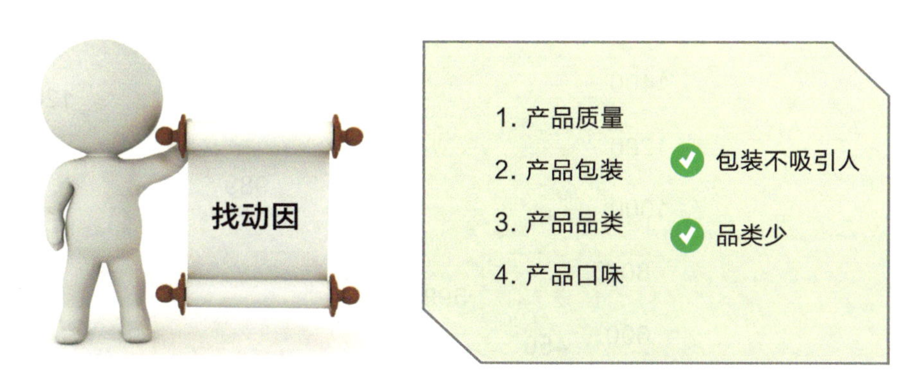

图 B-4　用动因分析法分析鱼店销量下滑的原因

5. 新方法：打好组合拳，评价业务部门业绩完成好坏

用组合拳评价钓鱼部门的业绩，如图 B-5 所示。具体内容，详见本书第二章第三节。

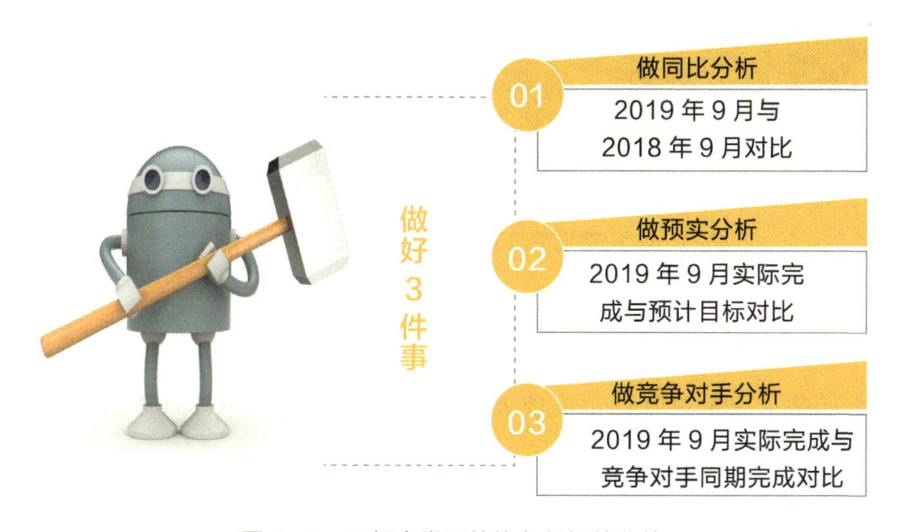

图 B-5　用组合拳评价钓鱼部门的业绩

6. 新方法：用管理会计预测企业未来 3 年收入增长

用管理会计预测鱼店未来 3 年收入增长，如图 B-6 所示。具体内容，详见本书第二章第四节。

图 B-6　用管理会计预测鱼店未来 3 年的收入增长

7. 新方法：用管理会计为企业制定降本增效决策

管理会计决策可降低鱼店业务费用，如表 B-1 所示。具体内容，详见本书第二章第五节。

表B-1　为鱼店降低业务部门费用的决策

问题点	原因分析	改善目标	改善方向	行动方案
"鱼店之家"业务部门的费用比市场上同类规模的门店要高出8%	兄弟俩的业务流程不清晰，分工不合理，导致重复劳动，造成了浪费	第一季度应降低鱼店业务部门费用4%	1. 重新梳理业务流程	兄弟俩根据三姐的建议，重新梳理业务流程，由三姐进行审核。确定流程后，三姐对兄弟俩进行培训
			2. 明确兄弟俩的职责分工	三姐梳理兄弟职责，对其进行岗位操作培训
			3. 为兄弟俩制订绩效考核标准	二姐对兄弟俩的完成情况进行审计监督，定期向老爹和老妈汇报，并提出整改建议

8. 新方法：用管理会计制定开源节流规划蓝图

用管理会计规划鱼店的开源节流，如图B-7所示。具体内容，详见本书第二章第六节。

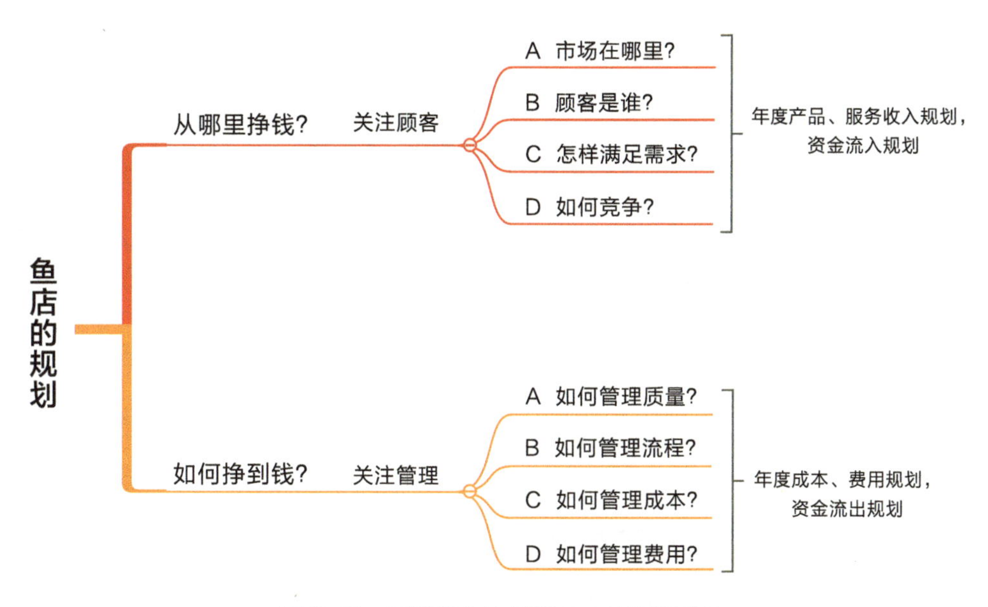

图B-7　用管理会计规划鱼店的开源节流

9. 新方法：用管理会计控制企业质量风险

用管理会计控制鱼产品的生产质量，如图 B-8 所示。具体内容，详见本书第二章第七节。

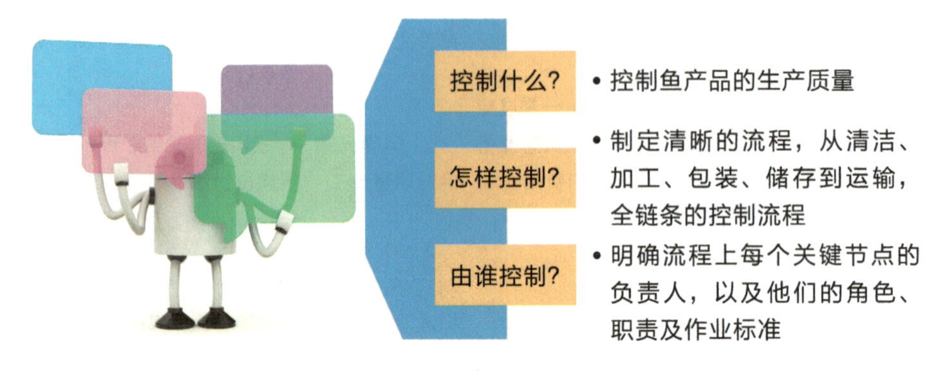

图 B-8　用管理会计控制鱼产品的生产质量

10. 新理念：用管理会计为销售部门制定销量提升决策

当鱼店销量下滑时，销售部门负责人如何制定决策，如图 B-9 所示。具体内容，详见本书第三章第三节。

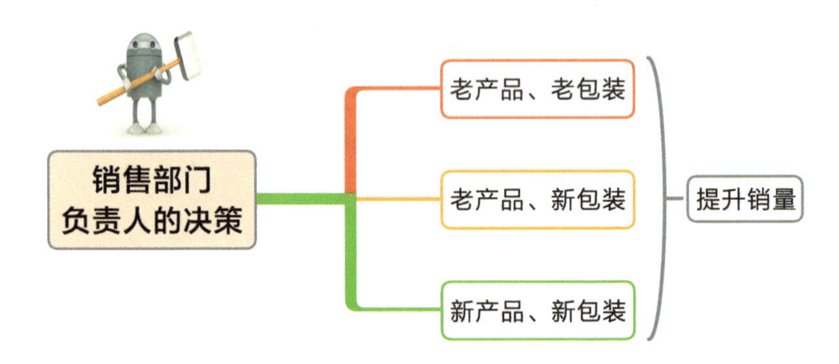

图 B-9　鱼店销售部门负责人应该做的决策

11.新理念：小生意中的大盘算

即使鱼店尚在襁褓之中，跟那些中大型企业相比规模小得可怜，但为了活着和活好，小鱼店也需要做好大盘算，如表B-2所示。具体内容，详见本书第三章第三节。

表B-2 “鱼店之家”的大盘算

序号	“鱼店之家”需要盘算的问题	方法	具体做法	结论
1	卖哪些产品最赚钱	先分析顾客偏好、购买习惯，再决定卖哪些产品	管理会计师分析鱼店过去3年的顾客购买次数、购买数量和金额，并绘制图形，得出结论	鱼店的产品共有3类：鱼片、鱼软骨和鱼罐头。在这3类产品中，最赚钱的产品为：鱼片✔ 鱼软骨✔
2	销售单价定多少最有利于销售和盈利	分析顾客购买能力，决定销售价格	管理会计师运用管理会计工具——动因分析法和本量利分析模型进行计算	以鱼片为例，同一包装的鱼片，根据公式计算，单价定在25元最有利于销售和盈利
3	最低销量是多少可以保证鱼店不亏本	统计鱼店过去3年的销量、成本和利润	管理会计师运用管理会计工具——动因分析法和盈亏平衡点模型①进行计算	以鱼片为例，同一包装的鱼片，根据公式计算，每月的销量不能低于2000袋，才能确保这个系列的产品不亏本
4	哪些产品畅销，需要多上架	先统计不同产品的入库单和出库单，再观察不同类型顾客的购买心理、偏好和习惯	管理会计师统计鱼店过去3年的入库单和出库单，观察不同类型顾客的具体情况，得出结论	鱼店的产品共有3类：鱼片、鱼软骨和鱼罐头。在这3类产品中，最畅销的产品为：鱼片✔
5	最佳库存保有量为多少，既利于资金周转又利于产品销售	分析鱼店不同产品的销售、库存、盈利和现金流情况，确定最佳库存保有量	管理会计师运用管理会计工具——经济订货量、动因分析法和资金预测模型进行计算	以鱼片为例，同一包装的鱼片，根据公式计算，每月的库存保有量不能低于2200袋，这样最有利于鱼店的现金流和销售

注：①本量利分析模型是根据相关产品的产销数量、销售价格、变动成本和固定成本等因素与利润之间的相互依存关系，通过分析、计量来确定企业目标利润的一种系统方法，可广泛应用于企业的预测、决策、计划、控制、激励和评价等方面。

12. 新模型：鱼骨图

用鱼骨图展示出 *S 果汁盈利危机的真正形成原因，如图 B-10 所示。具体内容，详见本书第四章第三节。

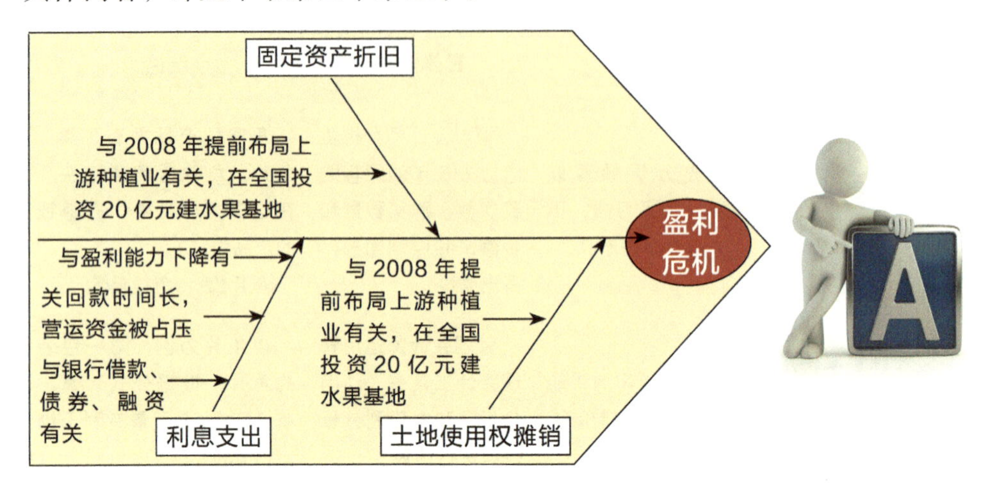

图 B-10　用鱼骨图分析盈利危机

13. 新理念：3 大蛀虫吃空企业利润的路径图

3 大蛀虫是如何吃空 *S 果汁利润的，如图 B-11 所示。具体内容，详见本书第四章第三节。

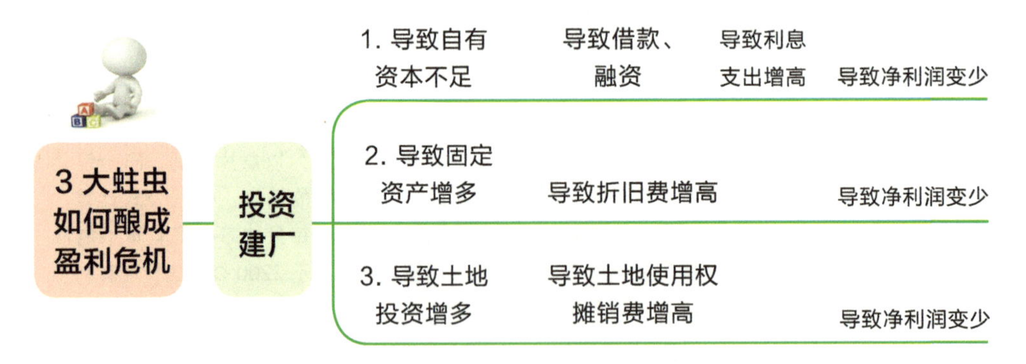

图 B-11　三大蛀虫吃空企业利润的路径

14. 新模型：企业危机循环模式图

企业为什么会发生破产倒闭呢？如图 B-12 所示。具体内容，详见本书第四章第四节。

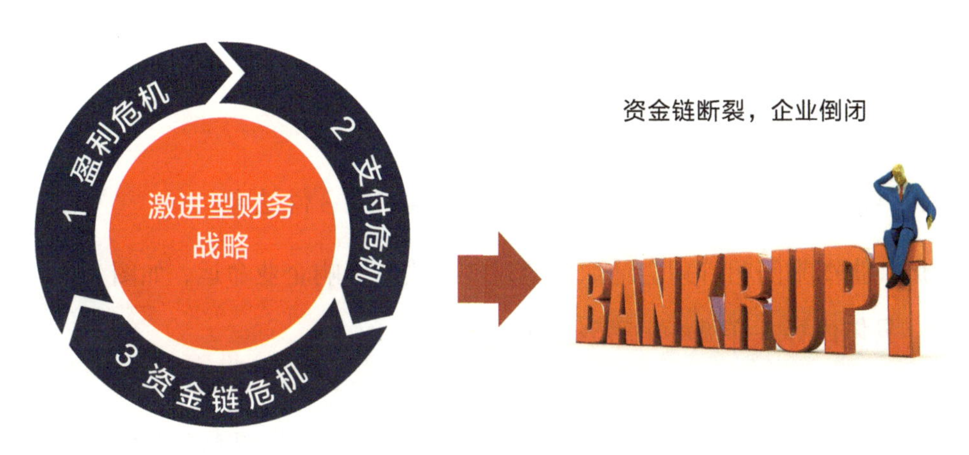

图 B-12　企业的危机循环模式

15. 新模型：企业走向“死亡之谷”的常规路线图

企业盈利危机 ⟹ 支付危机 ⟹ 资金危机，这是资金危机发生的常规路线图，也是企业走向“死亡之谷”的常规路线图。具体内容，详见本书第四章第四节。

16. 新模型：“1 支笔”公式

在“1 支笔”公式中，方向 + 过程 = 结果。方向决定了企业的生死命脉，过程决定了企业的运营健康状况，反映了企业运营质量的好与坏。方向错了，努力为零；执行不力，蓝图再美，也是海市蜃楼。如图 B-13 所示。具体内容，详见本书第五章第一节。

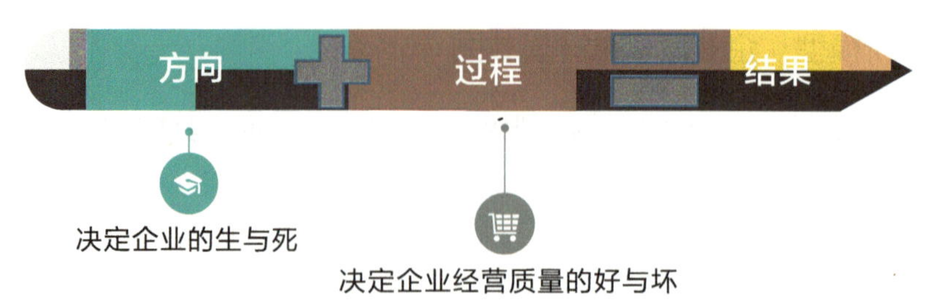

图 B-13 “1 支笔”公式

17. 新理念：管理会计影响企业命运，靠的是 3 件法宝

用一张图来阐明管理会计如何通过 3 件法宝影响企业命运，如图 B-14 所示。具体内容，详见本书第五章第二节。

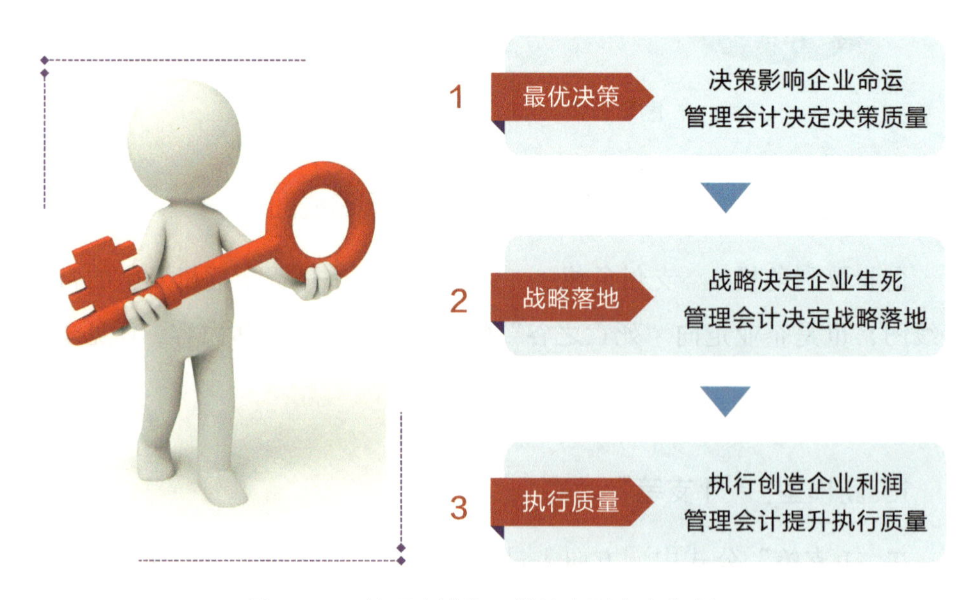

图 B-14 管理会计靠 3 件法宝影响企业命运

18. 新模型：“财务战略铁三角”

企业收入、现金和利润，谁更重要？如图 B-15 所示。具体内容，详见本书第五章第四节。

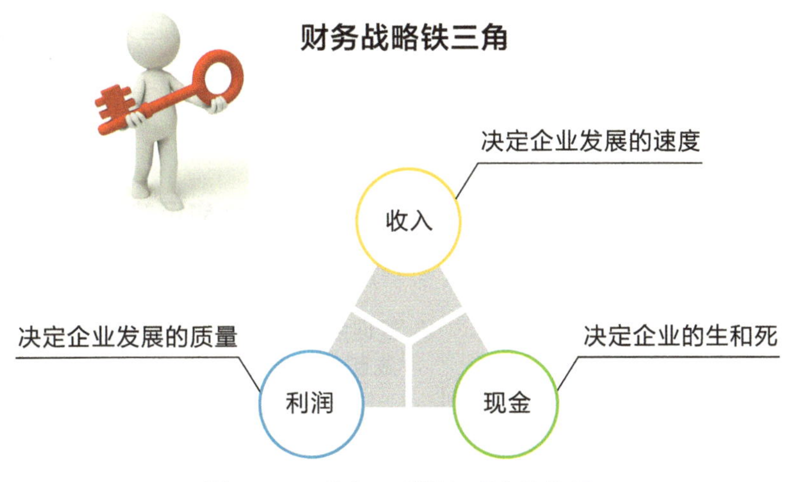

图 B-15　收入、利润和现金的作用

19. 新模型：管理会计经营驾驶舱

T 集团根据自身战略特点和经营特色，设计了符合公司特点的管理会计经营驾驶舱，如图 B-16 所示。具体内容，详见本书第五章第五节。

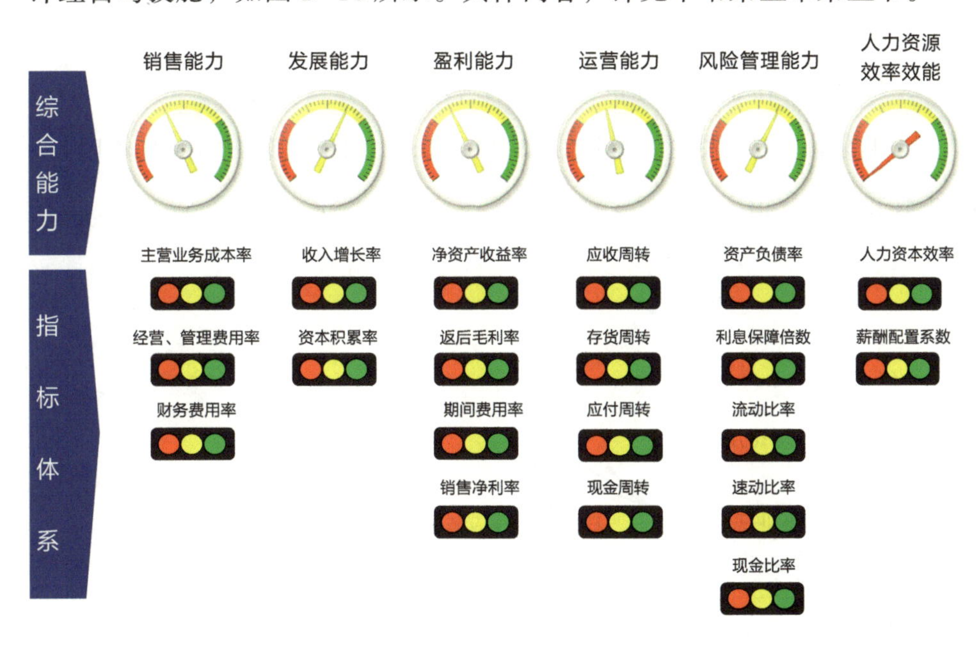

图 B-16　T 集团管理会计经营驾驶舱

20. 新理念：人工智能时代，管理会计的五大应用趋势

人工智能时代，管理会计的五大应用趋势，如图 B-17 所示。具体内容，详见本书第六章第二节。

管理会计路在何方

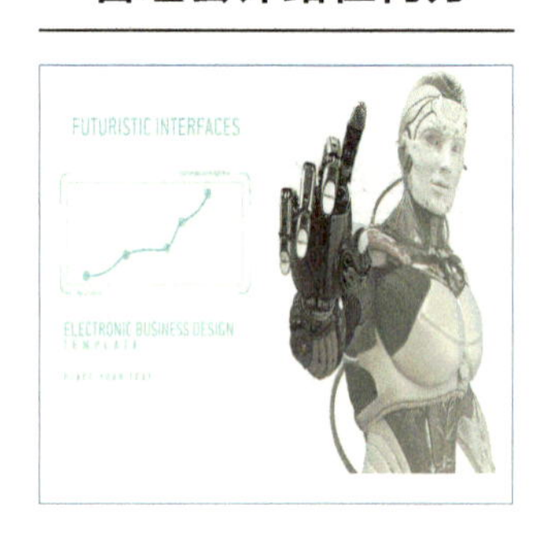

五大应用趋势

1. 管理会计帮助管理者重塑角色
2. 管理会计应用创新与数字化转型升级，形成互联互通
3. 管理会计主动赋能企业战略和业务
4. 管理会计的创新应用呈现三维应用场景
5. 提质增效从提升应用水平着手

图 B-17　管理会计的五大应用趋势

21. 新模型：管理会计的三维应用

一维场景：在企业内部价值链上的应用；

二维场景：在企业外部价值链上的应用；

三维场景：在个人生活和其他领域的应用。如图 B-18 所示。具体内容，详见本书第六章第二节。

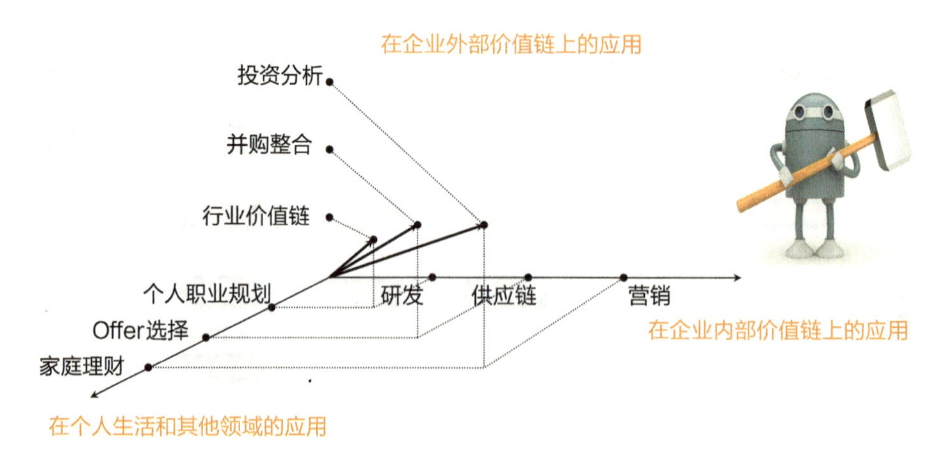

图 B-18　管理会计的三维应用

附录 C

管理会计学员评价摘录

邹志英教授以“大数据时代：管理会计与价值创造”为主题，分别为我市财政系统、行政事业单位和企业财务管理人员做了6场管理会计理论和实战技能培训。在连续三天的时间里，邹教授整整站立了18个小时，可以想象她为此付出了巨大的艰辛和努力。尽管如此，每场培训课，邹教授都能以充沛的精力、饱满的热情投入到授课中。

邹教授勤奋的敬业精神和国际化、职业化、实战化的良好职业素养，让所有参加培训的人员心生敬佩和感动。她毫无保留地将自己近20年从事企业管理工作的经验总结以及运用管理会计为企业创造价值、引领企业发展的大量珍贵案例与大家做了分享。她以自己独创的“珍珠链”管理思想为例，详解了“珍珠链”体系的十大核心步骤，以点带面，深入浅出，让大家清晰地理解了管理会计的内涵、思维、方法以及工具的妙处。

这次培训大家普遍感到收获很大。大家认为：通过这次培训可以更好地运用管理会计的思维指导今后的工作，跳出财务做财务，实现由传统的财务会计向管理会计的职能转型，从单纯的记账者向理财者、管理者、决策参与者提升，为企业创造更大的价值，从而提升财务人员的社会公信力、社会影响力和社会地位。

真诚地感谢邹教授！欢迎邹教授常来山西授课！

——山西省晋城市财政局　副局长、总会计师 段志坚

邹志英老师为惠普公司北京财务部60余人做了“全面财务管理与经营分析提升企业竞争力”的培训，收到非常好的效果。培训结束后，公司做了满意度调查，整体满意度达到90%以上。邹老师在专业经验、授课技巧、课程进度安排和调动学员的互动性上都非常职业和规范。惠普公司在工作中注重管理会计的应用，邹老师把理论与实践相结合，让财务人员更深刻地理解了管理会计理论的方向和实践的定位，特别是对各种模型的运用，把西方经济学的精髓应用于管理会计和实践工作中，促进了财务价值的最大化，并对企业的竞争力有很好的助推作用。感谢邹老师为我们带来的精彩培训！

——惠普公司财务管理培训部

谢谢邹老师！我们这些人有幸在这个年龄遇到邹老师，并得到这样高级高层次的思维训练，有运气的成分！这些课不好讲，没有水平是镇不住的。邹老师学养深厚，实战经验丰富。课堂上大家思维活跃，积极参与，各具特色的答案令人惊喜不断。每个人都有收获！我们很幸运请到邹老师，邹老师辛苦了！

——中交集团物资采购中心　副总经理 李先生

管理创新是企业永恒的话题。无论是聆听邹志英老师讲课，还是

阅读她的第一本书《玩转全面预算魔方》，给我的感觉就是“创新”两字。邹老师在其近20年从事企业管理工作的实践中，总结提出了“珍珠链”管理思想、CFO“动物论”、管理会计“三镜合一”、经营“驾驶舱”和全面预算十大核心步骤等。这些内容丰富了管理会计的理论和实战方法，既有深刻的思想内涵，又有做人做事的标准和箴言，更多的是实战方法、工具、模型的运用和实战案例的分析，充分体现了她国际化、体系化、职业化、务实创新的风格和特点。需要特别指出的是，邹老师独创的“珍珠链”管理思想，核心是通过全面预算管理，实现企业战略、业务、财务和人力“四位一体，融合发展”。它是管理会计理论的总结，是管理会计方法的创新，为企业管理创新发展提供了宝贵的经验，对于经济新常态下，企业实现管理转型升级和战略突围具有重大指导意义。

——中国冶金地质总局一局　副局长 李太平

这次我们公司组织了企业管理的高级培训班，其中邀请了著名的财务战略管理专家邹志英老师为我们上了一堂管理会计的课。邹老师有多年的跨国公司及国内本土企业CFO经历，她对跨国公司的财务运营得心应手，曾提出“珍珠链”理论，并且成功运用到跨国公司和国内本土企业的财务运作中。她具有扎实的理论功底，又具有丰富的工作经验和生活阅历。她讲的课富有感染力，充满激情与活力，妙语连珠，切中企业财务管理的要害，深刻地剖析了企业精细化财务管理如何助推企业价值的提升，让我们不仅明白了企业财务管理可以创造价值，也认识到了用其创造价值的思路。

一天的课程意犹未尽，彻底改变了以往我们对管理会计的认识。我们意识到企业要实现向管理会计转型，必须要学习、了解、领会其实质，这也让我们更加高度关注企业运营过程中管理会计的作用。

我们非常钦佩邹老师对事业孜孜追求的精神，对工作追求完美、尽职尽责的态度，还有克服千辛万苦不达目的誓不罢休的干劲！这些都深深地感染着我们！

非常精彩的一课！感谢邹老师！

——贵州新联爆破工程集团有限公司　总经理 沈晓松

在公司2014年度财务决算培训会议上，我们有幸请到了志赢盛世董事长邹志英老师来讲授“大数据时代、管理会计与价值创造”课程。邹老师的授课内容重点突出、条理清晰、信息量大，她将多年成功的心得和体会毫无保留地奉献给我们。授课风格风趣幽默，生动形象，通过生活化的例子深入浅出地将管理会计能为企业创造的巨大价值体现出来。邹老师用她激情四射的演讲方式，调动课堂气氛，积极互动，热烈的课堂氛围感染到在场的每一位同事。这次培训内容对实际工作有着非常重大的指导意义，让我们认识到管理会计如何在公司中发挥出更大的作用，创造出更大的价值！为邹老师点赞！

——富奥汽车零部件股份有限公司　财务总监 赵玉林

邹总通过两天时间的培训，将其近20年工作总结的精华毫无保留地传授给了我们，使我们深刻地认识到，在大数据时代财务部门应引领企业管理创新，要由“算账记账”向“决策支持”转型，由“成本中心”向“利润中心”转型，用全面预算管理掌控全局。通过案例“5精管理”成功支撑T集团3年收入增长36倍，让我们看到财务人员如何为企业创造价值。

我们对邹总无私的奉献表示由衷的感谢，也深深地意识到我们与邹总的最大差异是在视野上，缺少战略眼光，老是低头干活，缺少系统性和框架性的思想逻辑，对行业和企业的大趋势缺乏了解。我相信，只要我们始终都保持着邹总的“永不放弃、永不言败”“精益求精”“把不可能变成可能，把好变成更好”的干事创新的热情，在这种心态和精神的指引下，普通财务人员实现向CFO、CEO的成功跨越将成为可能。

——郑州航空港滨西公路工程有限公司　财务负责人 王萍

我有幸参加了集团为系统财务人员组织的管理会计培训，通过邹老师实战与理论紧密结合的授课，我被先进、系统的管理会计在企业发展中的魅力深深折服。

随着大数据时代的到来，企业如何在复杂多变的宏观经济形势中找准方向，越来越多地依赖于对大量数据处理的效率和效果。大数据为传统会计向管理会计转型提出了时代的命题，也提供了转型的基础。

从传统会计向管理会计的转型，财务部门要充当军师、医生、红娘、伙伴的角色，财务要由“算账记账”向“决策支持”转变，由“成本中心”向“利润中心”转变，每一个转变无不是以价值创造为导向。

通过邹老师的授课，我体会最深的是关于全面预算与公司战略紧密融合、掌控全局的启示。之前我做预算是机械的以公司战略为出发点，在自上而下和自下而上的过程中，多数停留在干巴巴的损益指标的沟通、预测阶段，没有完全和人力资源、绩效方案、公司战略紧密相连，预算目标与企业人、财、物等资源组合状况不协调，导致预算在执行过程中心有余而力不足，目标难以实现。通过两天的学习，我深刻体会到，在实行全面预算的过程中，财务部也应当充当医生的角色，为企业从战略到业务，从人力资源到绩效考核方方面面做一个全面诊断，充分分析实现目标过程中的风险因子。预算不仅要明确逐步实现战略愿景的步骤，还要充分考虑如何修正公司战略定位，如何优化人、财、物等资源组合，使各种资源发挥出最大的作用，使企业战略、业务、人力资源、财务处于一个良性循环状态。

在听课过程中，邹老师对工作和生活的激情也感染了我。这次培训内容对实际工作有很大的指导意义，特别是对重新理解财务在公司管理中应当发挥的作用，以及财务参与公司决策的途径和方法都有所启示。谢谢集团财务部为大家筹办的培训，在以后的预算制定过程中，我将学以致用，使培训真正对工作发挥指导作用。

——河南投资集团酒店管理公司　财务经理 程良

邹志英老师：

您好，我是瑞华会计师事务所云南分所咨询部的高级经理，我叫耿华。上周日，我们公司集体听了您关于管理会计实操的课程，为我们公司今后该类业务的发展和操作提供了很有针对性的指导，我受益匪浅。在此，我特别向您表示感谢，并把对课程的体会写出来与您分享。

1. 您的演讲非常富有激情。在与我们分享您的实际经验和操作方法时，您能以这样一种激情饱满的方式，通过极高的演讲能力表现出来，使我们获得的培训效果非常好。而我知道，您前一天刚刚完成另外一场培训，肯定非常辛苦。如此激情饱满的演讲，表现了您对我们培训的责任意识和服务意识，我们非常感谢。

2. 您的演讲非常贴近实务。在理论知识阐述之外，大部分培训内容都是您实际工作中的心得体会和操作方法，对于我们的理论提升和实际工作都非常有指导意义。我印象尤其深刻的是全面预算管理实操体系，下一步，我们将把您的这套方法论运用到我们的实际工作中。

3. 您的培训非常寓教于乐。您带着我们做的游戏非常有意思，大家的积极性非常高。您在对游戏的讲解中巧妙地引入了“珍珠链”理论，这是非常难得的，让我们可以通过亲身参与对该理论获得非常深刻的理解和体会。该理论也非常新颖，将战略、预算、绩效等操作全面衔接到一起，无怪乎它会获得那么多的高评价。

在此，我代表瑞华会计师事务所云南分所全体参加培训的同事向您表示感谢，谢谢您对此做出的努力和取得的良好效果。之后若您有时间，我们希望获得您进一步的培训指导。非常感谢！

——瑞华会计师事务所云南分所　高级经理 耿华

2015年3月21日，我们有幸邀请到邹志英老师为盾安控股集团500名高层管理者、财务负责人和人力资源负责人做了“领导者的财务管理修炼”专题培训。邹老师根据盾安的实际情况和培训需求对课程内容进行了精心设计安排，讲授内容是她自己从业20年来财务管理实践经验的提炼总结。讲授中，她运用通俗易懂的真实案例阐明了财务管理的基本理论，分享了具体、前沿的管理组织、流程、方法和工具，详述了大量行之有效、普遍适用的管理工具模型。这次培训，从思想意识深处提升了领导者们的财务管理素养，同时为盾安后期系统、深入推进管理会计工作，助力企业价值和社会价值提升提供了弥足珍贵的方法论。

总结邹志英老师的培训，至少在三个方面与众不同。

一是从实践中来，智慧运用理论。

邹志英是国内为数不多的管理会计实战型顾问，她有着多年不同资本属性、不同行业的CFO工作经历。正是她的智慧和辛勤付出，使其所服务过的公司无一例外均在财务方面取得了非常大的成功。

她独立研究提炼的“珍珠琏”企业价值管理体系，以创造企业价值为轴心，智慧地把目标管理、组织管理、运营管理、绩效管理、风险管理和财务管理等理论要素相结合，形成了一个科学、有机、完善的管理控制系统，勾勒出了企业价值创造的十大核心步骤，带给我们清晰、系统、可以充分借鉴的提升企业管理水平的思维和方法。

二是真正打通了企业经营管理的任督二脉。

我们知道，国内外一些企业或战略不能落地，或业务与财务分离，或目标与绩效冲突，或机遇和风险不能兼顾。任督二脉不通，企业就很难成为筋肉坚实的机体。我们认为，邹志英老师是国内为数不多的，真正打通了任督二脉，即打通了战略、业务、财务、人力四方面管理的专家。培训体现出她既能做到将企业战略与“阿米巴经营”融会贯通，也能做到以数字化经营，用财务带动业务拓展；既能发挥企业哲学、文化对业务提升的作用，也能以平衡计分卡评价业绩，对业务提升产生显著的驱动力；既能做好企业开源和实现高收益增长，也能做好企业节流和风险预警控制。我们看到和听到的这一切，集中反映了邹老师对企业管理、财务管理，特别是对企业全面预算管理已经洞若观火，理解十分深刻。

三是为人真诚，工作刻苦，激情奔放。

邹志英老师是一个真诚的人，高质量的培训结束后，一些参训者会提出自己工作中的困惑，她认真、耐心地给予解答，毫无保留，令人敬佩。她必定是一个极其刻苦的人，从培训课件的精致可见一斑。她又是一个激情奔放的人，听她长达7小时感情充沛、声音洪亮的讲座，现场每个人都能感受到她的正能量。培训后期她的嗓音已经有些沙哑，大家都非常感动。

我们衷心地期待邹志英老师为包括盾安在内的中国民营企业群体的不断发展壮大持续献策助力，让我们共同为实现中国梦而努力奋斗。

——盾安控股集团人力资源部

致谢

本书从立意到提笔，从目录到正文，反反复复写了近 2 年时间，中途作废过四十多万字的书稿。期间，我还经历了一次大手术，即使在新冠肺炎疫情期间住院 3 周也没有放弃写作。在手术后的第 4 天，我强忍着疼痛，在病房狭窄的小柜子上，继续谱写着我心中的美好愿望。

今天，在家人、朋友和粉丝的支持和帮助下，本书终于画下了最后一个句号。此时此刻，我最想表达的是我内心的感谢。

感谢支持我事业的家人，尤其是我的父母和姐姐。虽然这本书我的母亲再也看不到了，但是我坚信她在天国会为我加油，这是支撑我一路前行的巨大正念。

感谢机械工业出版社副社长陈海娟女士，她的欣赏和指导，为我在写作的黑暗中点亮了一盏灯。每次跟她的交流，都能让我获益颇多。感谢本书的策划编辑刘怡丹女士，她从本书选题到写作再到出版，付出了颇多心血，而且隔三差五赠我好书，丰富我的内心和大脑，给予了我巨大的帮助。

感谢北京航空航天大学经管学院原副院长周宁教授，感谢《中国经营报》的主笔屈丽丽女士，每次跟她们的“以文会友”，都会启发我深度思考，使我进步。

感谢我多年的挚友商业秘密网创始人、法人俱乐部创始人孙佳恩先生及其夫人蔡芳芳女士多年来的帮助。

感谢我多年的挚友北京神州云合数据科技发展有限公司华东区销售负责人王玉凡先生的支持和鼓励。

感谢中经未来（北京）传媒科技有限责任公司策划总监鲁小白女士对我的关心和帮助。

感谢参加过我培训的学员，他们的热情参与和积极反馈，让我不断涌现灵感，去设计优化课程，充实书稿的内容。

感谢我服务过的企业家和管理者，是他们的欣赏和信任，让我有机会与之一起拥抱管理会计实践的喜怒哀乐；是他们的经历和梦想，驱使我坚定理想，完成此书，以帮助更多的企业实现“实业强国”。

最后，我要感谢每一位读者购买此书，并认真读完此书。你们的阅读和鼓励，是我持续写作的最大驱动力。

邹志英

2021 年 7 月 12 日